FORMULES 23

L'ALCHIMIE DES ALGORITHMES

PETER CONSENSTEIN   DOMINIQUE RAYMOND

Presses Universitaires du Nouveau Monde
2022

FORMULES, la revue des créations formelles, est une revue indépendante créée en 1997 et publiée par les Presses Universitaires du Nouveau Monde et DigiArt Press, Inc. avec l'aide originelle de la Melodia E. Jones Chair de la State University of New York.

Adresse électronique : formulesarcadewebmaster@gmail.com
Facebook: https://www.facebook.com/Larevueformules/
Adresse internet : http://formulesarcade.net/

Fondateurs / Founders : Jan Baetens et Bernardo Schiavetta
Directeur-gérant / Executive Editor : Jean-Jacques Thomas
Conseil de rédaction / Peer Reviewers : Jan Baetens, Philippe Bootz, Anne F. Garréta, Alain Schaffner, Lucile Haute, Virginie Tahar, Peter Consenstein, Mireille Ribière, Paula Klein, Dominique Raymond, Jean-Jacques Thomas
Responsabilité graphique / Graphic Editor : Jennifer Ward, DigiArt Press
Nous tenons à remercier Nikita Iziez pour la contribution de sa conception unique de la couverture de ce numéro.

Adresses de la rédaction
Jean-Jacques Thomas   State University of New York   907 Clemens Hall Buffalo, NY 14260

International scholarly indexes in which Formules is catalogued: Formules se trouve sur les listes internationales suivantes :
1. "European Reference Index for the Humanities" (ERIH) de la ESF : comme revue INT2
2. sur la liste de Australian Research Council. Australian Government's Innovation, Industry, Science and Research portfolio: revue type B
3. Dans le catalogue du Système Universitaire de Documentation du Centre National de la Recherche Scientifique
4. Sur le catalogue de la Bibliographie Nationale Française élaboré par la BNF
5. Sur le catalogue ZDB, élaboré par la Bibliothèque Nationale d'Allemagne
6. Copac National, Academic, and Specialist Library Catalogue
7. Sur la base de données Clasificación Integradas de Revistas Científicas, de l'Espagne: revue type B.
8. Association des Revues Scientifiques et Culturelles A.R.S.C. de Belgique.

Formules 23 ISBN : 978-1-952799-46-4
Formules imprimé ISSN : 1275-7713
Formules / Arcade webzine ISSN : 2694-6246
Dépôt légal : décembre 2022

L'Alchimie des algorithmes-Argumentaire

Peter Consenstein

Borough of Manhattan Community College
CUNY Graduate Center

Jean-Jacques Thomas

The State University of New York

Raymond Queneau, Directeur littéraire de Gallimard, membre du prestigieux Comité de lecture de cet éditeur, Grand Conservateur de l'Ordre 'Pataphysique, écrivain célèbre, scénariste de film à succès, dramaturge, chroniqueur radiophonique, co-fondateur de l'Oulipo et personnage important de la scène littéraire et artistique française pendant plus de trois décennies, on le sait, nourrissait une passion pour la science et en particulier les mathématiques. A la suite de ses travaux commencés en 1965 sur les nombres hyperpremiers, le 6 mai 1968, par l'intermédiaire d'André Lichnerowicz, il présente une note scientifique à l'Académie des Sciences de Paris, consacrée aux « suites s-additives », c'est-à-dire les séries de « suites S de nombres entiers positifs strictement croissants ». Comme nous l'indique Paul Braffort il ne faut donc pas s'étonner si la fondation de l'Oulipo avait pour but central énoncé de « développer des thèmes littéraires en utilisant des structures mathématiques ». En 1974, dans la revue *L'Éducation*, François Le Lionnais, autre co-fondateur de l'Oulipo renchérissait : « On applique les mathématiques à la physique, à la biologie, aux sciences économiques, à la linguistique. C'est ma conviction qu'on pourrait les appliquer, avec fruit, à la littérature, et que c'est là la vocation principale – de l'Oulipo ». La génération de nouvelles formes littéraires était présentée avant tout comme un problème mathématique de distribution des combinatoires des éléments verbaux. On connaît les systèmes répétitifs qui ont servi à créer, entre autres le S+7 et tout le système de calculs qui a servi de base à la réalisation du texte *Cent mille milliards de poèmes* de Queneau suivi d'un long manifeste de littérature expérimental par Le Lionnais. Dans les dernières années de sa vie Queneau s'est passionné pour la réalisation de « textes automatiques » généré par ordinateur à la suite des travaux de Jean Baudot, *La machine à écrire*. Queneau étend même cet intérêt pour la création automatique à d'autres domaines humanistes et dans une note savante à la biographie qu'il lui consacre, Michel Lécureur, insiste : « en musique, Queneau a suivi, dès le début les recherches de musique algorithmique entreprises par la compagnie des Machine Bull ». Les spécialistes de Georges Perec se souviennent que lors de son premier voyage aux Etats-Unis, celui-ci s'arrête à l'Université du Michigan, à Ann Arbor, pour observer au laboratoire informatique de Kenneth L. Pike, les travaux entrepris en matière de génération automatique des textes littéraires dans le cadre de ses recherches sur les principes génératifs de la tagmémique. En 1981, s'établit l'ALAMO (Atelier de littérature assistée par la mathématique et les ordinateurs)[1] fondé en juillet 1981 par deux membres de l'Oulipo, Paul Braffort. Jacques Roubaud, en 1992, se proclamait toujours un optimisme envers cette modalité de production littéraire. De même, Pascal Gresset, dans son essai « Pour une littérature immatérielle », confirme qu'une telle littérature saura « tirer pleinement parti de toutes les richesses de l'immatérialisation de contenus concrétisés», tels que « immatérialité, instantanéité, complexité communicabilité, disponibilité, générativité, prolixité, mobilité, fluidité, adaptabilité, collectivité impersonnalité, multiplicité, interactivité ». Une littérature numérique abolira ainsi « toute barrière, ignorant qui la lit, oubliant qui la produit dans un perpétuel mélange des genres. » Ainsi cela deviendra « une littérature du pillage méthodique, du vol systématique, empruntant son bien où bon lui semble, consciente de la propriété collective des langues ». Notre temps est-il toujours aussi optimiste envers la production littéraire assistée par l'informatique ? Est-ce toujours l'espoir d'une panacée à cette littérature personnelle, balbutiant les fictions monochromes au cœur sec et aux contours répétitifs dans l'exiguïté des exigences du marché?

Dans un article récent sur les rapport entre la littérature et la bande dessinée, Jan Baetens souligne que tout récemment le recours aux moyens digitaux a eu un impact considérable sur le développement des arts graphiques, non seulement pour ce qui concerne la production des réalisations graphiques elles-mêmes, mais surtout pour ce qui concerne leur diffusion car, comme l'étudient Benoît Epron et Marcello Vitali-Rosati, les « algorithmes commerciaux » à la disposition de tous en cet âge du numérique, ont mis fin au monopole des douaniers professionnels qui, traditionnellement, contrôlait le flot limité de la production.

Et pourtant…hier encore, Maria Ressa, a reçu le Prix Nobel de la paix, parce qu'elle a dénoncé le caractère nocif et toxique de la puissance des algorithmes comme générateurs de répétitions informatiques : « Nous sommes entrés dans l'ère des autoritarismes numériques ». Depuis la parution de *The Cultural Logic of Computation,* de David Golumbia, les recherches en sciences humaines dans le monde anglo-saxon semblent cibler la logique algorithmique comme le nouvel ennemi à dénoncer dans toutes ses formes protéennes. De David Berlinski, *The Advent of the Algorithm*, à la récente étude de Shoshana Zuboff, *The Age of Surveillance Capitalism*, dans les domaines de l'organisation sociale, politique, financière et culturelle, on assiste à une condamnation apparemment globalement orchestrée de ce nouveau Moloch qui coalesce en *Big Data*. Ignorant les différences, assignant à toute forme de réalité une unité de traitement, négligeant les particularismes et les singularités, la machine algorithmique, au rythme automatisé dès ses répétitions, dessine une uniformité qui contribue au conformisme de rigueur.

Instrument de manipulation intellectuelle et idéologique rendue banale par l'immense disponibilité des moyens véhiculant les réseaux sociaux et les vagues d'influence dépourvues de de toute légitimité morale ou économique, la puissance de l'algorithme distribue le mensonge, l'illusion, la propagande, l'endoctrinement addictif, sous le couvert d'un bénin, clément et artificiel effet de réel. McKenzie Wark, dans un de ses derniers textes, *Capital is Dead*, propose que le capitalisme arrive à sa fin tout en suggérant que ce qui suivra est pire. Selon elle, les deux classes sociales dominantes sont les hackeurs dressés contre la classe vectorielle, c'est à dire celles et ceux qui contrôlent, sans frontières nationales ou idéologiques, les vecteurs de l'information. Déjà nombreux sont ceux qui élèvent l'ordre occulte des hackers au rang de seule résistance légitime capable de nous protéger de la tyrannie de Big Data et de nous restituer des zones de liberté et de libre pensée.

Alchimie des algorithmes

Il y a l'alchimie que nous connaissons tous, celles des « maudits », Rimbaud et Artaud, aspiration à la science fulgurale, à la divination par la foudre du discours, mais, aujourd'hui, on ne peut ignorer le sens qu'a donné Glissant à ce mot en clamant que « le poème est une des matrices alchimiques du réel » poursuivant ainsi l'alchimie solennelle de Senghor qui a assigné à ce mot la transfiguration magique de « tout un réel qui frappe aux vantaux du monde » et qui, dans le mouvement des fleuves et les assauts éoliens de la brousse, entrouvre une fenêtre sur l'inconnu. Donc les questions se posent : de quelle « alchimie » s'agit-il ? cette alchimie des algorithmes, se rattache-t-elle à celle qui prend un « A » majuscule et qui dépasse toute frontière matérielle et temporelle, ou faisons-nous face à la naissance d'une alchimie toute autre ? l'alchimie des algorithmes crée-t-elle ou bien éclate-t-elle les bulles (sociales, politiques, ethniques) dans lesquelles nous vivons ?

Comme la langue l'était pour Ésope ou l'atome pour l'après Nagasaki/Hiroshima, l'alchimie algorithmique, aujourd'hui, peut être envisagée comme la meilleure ou la pire des choses. Cette ambiguïté rencontrée dans les essais théoriques et méthodologique de notre société, plus particulièrement centrée sur les questions de création littéraire, artistique et performative, constituera la matière de réflexion et de débats des contributions au numéro 23 de la revue FORMULES.

Possibles directions de recherche

Sur la base du thème central de l' « alchimie des algorithmes » les travaux qui suivent mettent en évidence des carrefours multiples et multi-dimensionnels de l'importance du numérique sur les travaux de fiction littéraire, artistique et performative. L'impact et l'historique de 'big data' sur la production artistique ainsi que les méthodes d'analyse des humanités numériques sont interprétées et analysées. Deux articles s'adressent au computationnalisme et aux résultats des algorithmes dans les jeux vidéos et avancent des réponses aux questions concernant les artistes : sont-ils le produit du « Big Data » ou bien acceptent-ils de se laisser séduire et d'inventer de nouveaux modes de production de ce type? Comprend-on mieux maintenant la créativité des nouvelles modalités de cette production littéraire numérique ou est-ce maintenant le contraire? Les contributions de ce numéro de *Formules* reconnaissent que nous entrons ainsi dans une nouvelle étape des possibilités artistiques où une dimension technologique de la contrainte de publication et de diffusion impose, de manière opaque, ses propres contraintes intellectuelles bien souvent sous couvert de contraintes techniques (numériques) uniformisantes. Cette tyrannie sournoise, agressive ou passive, explicite ou maquillée, est redoutable car, souvent ignorée par l'utilisateur, elle impose une co-signature insidieuse à toute fiction (à toute expression artistique et à tout marché artistique) ou tentative d'inventaire d'information. Qui perd et qui gagne face à cet autoritarisme? Qui tyrannise qui? S'agit-il du « wokisme » qui s'impose sur les réseaux sociaux ou bien, plus confusément, de la classe vectorielle qui dessine une « vérité » opportuniste calquée sur ses propres besoins dictés par les circonstances? Nous avons mis à découvert ce qui résulte lorsqu'un texte gouverné par une contrainte choisie sans influence numérique se trouve modifiée par un algorithme préexistant. En outre, ces textes révèlent que la manipulation des discours et des images sous la férule de Big Data entraine la mise en place d'un ensemble marqué idéologiquement mais laquelle? Dans la réalisation de toute fiction, de tout spot publicitaire, de toute chronique d'information, la distribution des actants basée sur des critères de sexe, de race, d'inclinaison sexuelle, d'origine géographique, de particularisme linguistique, porte en elle un discours d'escorte apparemment exclu, mais néanmoins facilement réintégré dans l'interprétation de l'ensemble offert aux lecteurs.trices, auditeurs.trices, ou spectateurs.trices.

Lorsque ces choix élémentaires touchant les composantes de la pièce sont réglés par des algorithmes commerciaux gouvernés par les impératifs globaux des lois du marché, la création individuelle doit se plier, consciemment ou non, à cette surdétermination numérique.

Que ce soient les arts plastiques, la sculpture, les dessins animés ou la littérature, que cette production soit à contrainte, formelle ou expérimentale, qu'elle s'adresse à l'environnement, au racisme, à la justice sociale, ou au genre (gender), il y a un risque que cet autoritarisme s'impose sur la production et ainsi sur l'organisation de la pensée critique et créative. Toute production artistique nouvelle, formelle ou à contraintes, ou simplement expérimentale, a toujours défié les normes de l'expression. Avec la croissance de l'emploi du 'big data' ainsi que les méthodes d'analyse des humanités numériques, avec l'intelligence artificielle et l'information que Google, Facebook, Instagram, LinkedIn ainsi que d'autres compagnies numériques à vocation globale fournissent aux maisons d'édition, aux musées, aux salles de spectacle et aux publications privées ou publiques sur internet, ces instances formatrices intermédiaires ne jouent plus de rôles neutres et abstraits.

Dans le cas malhonnête des ensembles créatifs produits dans le seul but d'imposer des modèles impératifs de comportement fascisés dictés par les résultats obtenus par les systèmes analytiques des comportements sociaux, tout travail de production intellectuelle est perçu comme une tentative d'établir un conformisme social moutonnier contrôlé par les instances d'une élite autonominée. Dans ce cas extrême de « société du spectacle » orchestrée par les contraintes algorithmiques imposées où domine une éthique utilitaire de l'après-vérité, et où toute performance est foncièrement un monde de l'illusion et de la fiction édulcorante, les forces du refus singulier dans les « cabanes » des « territoires extérieurs » comptent de nombreux partisans qui élèvent l'ordre occulte des hackers au rang de seule résistance légitime capable de nous protéger de la tyrannie de Big Data. Est-ce que ce frais monde anti-conformiste de la contre-utilisation du numérique laisse apparaitre aujourd'hui des œuvres inédites et inouïes porteuses de zones de liberté et de libre pensée ? Et si, pour nos contributeurs, elles existent quelles sont les formes innovantes *(tyranniques ? destructrices ? inhumaines ?)* qui les caractérisent ? Quelles parties de nos sociétés sont les plus vulnérables ? Pourquoi ? Existe-t-il, à ce jour, quelque part, un mode de production artistique important capable de contrer « efficacement » l'impact et l'emprise multiforme des algorithmes et de Big Data outre que les hackers, ou les hacktivistes ?

NOTES

[1] Voir
http://www.alamo.free.fr/pmwiki.php?n=Alamo.Accueil

Dominique Raymond
Université du Québec à Trois-Rivières

D'*Agrotexte* à *L'Arpenteur* : processus alchimique de Bleu diode sur l'œuvre de Jean-Yves Fréchette[1]

Alchimie : de kimiya,
dérivé d'un mot égyptien signifiant
« terre noire »

Art magique ou pseudo-science, l'alchimie revêt un caractère mystérieux qui repose essentiellement sur le processus de transformation – de transmutation – des métaux, considérés par les *adeptes* comme des organismes vivants, au même titre que les animaux et les plantes. Les métaux régressent et évoluent, ils sont perfectibles et susceptibles de passer d'un état imparfait à parfait grâce à la pierre philosophale. L'alchimiste, comme Maria, Albert le Grand, ou Paracelse,[2] n'est pas (qu') un·e chercheur·euse d'or; c'est moins le résultat sonnant de ses recherches qui l'intéresse que le processus qui mène à la panacée.

Dès le Moyen Âge, période faste de l'alchimie, on distingue deux versants de l'art scientifique, soit l'alchimie opérative, axée sur les méthodes et les composantes des matières premières – tout ce travail d'identification des matières a d'ailleurs permis une avancée certaine dans le champ scientifique – et l'alchimie spéculative, axée sur la métaphysique et la symbolique. Ce versant permet de tisser des liens entre la franc-maçonnerie et l'alchimie, qui partagent un vocabulaire semblable selon Alain Quéruel.[3] Dans une perspective plus contemporaine, soulignons les alliances littéraires entre l'alchimie et la 'Pataphysique, que ce soit par l'intermédiaire d'un personnage, comme le docteur Faustroll, d'une œuvre d'imagination, comme *Voyages en kaléidoscope* d'Irène Hillel-Erlanger ou d'une critique comme celle de Brunella Eruli, qui « étudie les mécanismes créateurs de Jarry à travers les filtres de l'alchimie et de la déformation. »[4]

Le 10 octobre 1982, une quinzaine d'agriculteurs se font scribes et poètes, en labourant une partie d'un champ de Saint-Ubalde, dans la région de Portneuf au Québec. Ils tracent au sol les mots « Texte Terre Tisse », au volant de leurs charrues. L'ensemble s'étalera sur un mile, soit 1,6 kilomètres et des poussières sur la longueur et deux arpents en largeur, puisque chaque lettre mesure 91 mètres de long par 76 mètres de large : gigantesque performance de *land art* orchestrée par Jean-Yves Fréchette, enregistrée dans *Le livre des records Guinness*, visible uniquement à vol d'oiseau ou via un intermédiaire, comme une photo.

[FIGURE 1]
Détail de l'affiche créée pour l'occasion par Jean-Yves Fréchette (1982) © Jean-Yves Fréchette. Tous droits réservés.

40 ans plus tard, du 7 septembre au 29 octobre 2022, Fréchette revient 24 fois se commettre sur le même champ, en trajet solo cette fois. *Agrotexte* devient pour l'occasion un *péditexte* nommé *L'Arpenteur*. L'orchestration et la captation par GPS s'effectue par Bleu diode,[5] un duo

d'artistes composé d'Isabelle Gagné et Stefan Buridans, alias Sven. L'écriture pédestre est donc connectée : les données géolocalisées des marches en lettres cursives sont extraites et reproduites dans une œuvre Web inédite diffusée en temps réel dans la vitrine du Centre de création numérique TOPO à Montréal, puis disponible sous un autre format et hébergée sur le site de TOPO. Au sol, aucune trace : le texte est apparent pour l'internaute seulement.

Loin d'être une reproduction et plus qu'une actualisation, le passage d'*Agrotexte* vers *L'Arpenteur* manifeste une réelle transmutation alchimique qui ne peut faire l'économie de la technologie numérique, dans ses moyens comme sa fin. Nous analyserons le processus, en nous arrêtant sur les procédés, les idées et les conditions nécessaires à la transformation. Ce faisant, nous envisagerons l'alchimie opérative de cette transmutation, basée sur les procédures et les opérations, comme une version contemporaine d'un travail au Grand Œuvre tel que l'entendait François Le Lionnais, ingénieur chimiste de formation et co-fondateur de l'Oulipo. Lors d'une réunion qui relança l'Ouvroir de peinture potentielle le 6 janvier 1981, Le Lionnais présenta, pour la première et unique fois, ce qui deviendra le « Tableau aux 1000 colonnes » :

> Ce que je propose d'appeler le Grand Œuvre de
> l'Oupeinpo, c'est un tableau, non pas un tableau
> peint par un peintre mais un tableau avec des lignes
> et des colonnes […] Disposons dans les têtes de
> lignes – horizontales – ce que j'appelle les éléments
> constitutifs du *pein* […] En tête des colonnes –
> verticales – quelques éléments structuraux simples.
> Dans le livre de l'Oulipo, j'ai proposé quelques
> structures mathématiques qui sont des têtes de
> colonnes possibles. En développant, on pourrait en
> énumérer environ un millier.[6]

Si les oupeinpiens ont alimenté de bien des façons ce
tableau, nous verrons que l'exploitation qu'offre Bleu
diode des performances artistiques de Fréchette y participe
tout autant, déterminant ainsi d'autres repères dans
l'interprétation de la potentialité du numérique et de ses
algorithmes dans le domaine des arts plastiques.

Alchimie opérative

À quelques variantes près, selon les alchimistes
depuis Albert le Grand, le processus de transmutation

opère en quatre étapes : la déstructuration, la purification, la réduction et la fixation.[7] Dans *L'Arpenteur,* quatre espaces/lieux/territoires sont impliqués : le champ de Saint-Ubalde, le quartier général de Fréchette, le Centre d'exposition TOPO et l'œuvre Web. Sur chacun d'eux, une étape semble avoir été franchie.

Déstructuration : au champ

Outre le fait que l'espace naturel, le champ de Saint-Ubalde, soit le même qu'en 1982, ce qui demeure enraciné dans *L'Arpenteur* – et qui illustre la part de créativité et d'originalité de ces projets – c'est bien l'usage du champ comme surface d'écriture. Or, cette surface devient tout autre en même temps : la matière première subit la déstructuration. D'abord, la terre est moins labourée par quinze machines agricoles que foulée par une seule personne. L'écriture se devait d'être cursive, car connectée par la technologie GPS *Freehand,*[8] chaque pas laissant une trace sur la page Web. En plus de cette nécessité, remarquons que ce type d'écriture tend à représenter le trait de la main qui forme des lettres attachées, alors qu'inversement, la typographie d'*Agrotexte* rappelle l'empreinte de la machine à écrire, réglée au millimètre près.

Penchons-nous sur le contenu. De « Texte Terre Tisse » il ne reste presque rien, sauf une référence intertextuelle pour qui connaît le titre de la performance mécanique : « agrotexte », le poème pédestre tracé par Fréchette lors de la marche spéciale du 10 octobre 2022.[9]

[FIGURE 2]
Capture d'écran du site : https://www.agencetopo.qc.ca/wp/events/event/40-ans-dagrotexte/ (2022) © L'Arpenteur. Tous droits réservés.

D'autres poèmes sont aussi fondés sur une logique métatextuelle, qu'il s'agit d'interpréter comme telle : allusion à la surface qui se fait sous le couvert d'une expression fameuse dont on a retiré les traits d'union : « Toujours créer sur le champ »; référence aux actions concomitantes de l'écriture et de la marche : « Pas à pas ou mot à mot »; autoréférence, car le poète-arpenteur use parfois du Je, tout en travestissant quelques principes philosophiques pour traduire ses actions : « Je marche donc j'écris ». Rien, donc, n'est laissé au hasard. Fréchette a conçu ses poèmes en amont, les a calibrés pour l'écriture au champ, puis il a balisé l'espace afin d'obtenir des repères. Un parallèle nous semble particulièrement intéressant à faire ici avec le marcheur oulipien. Dans son étude, *Marcher au hasard,* Morgane Cadieu[10] décortique différentes pratiques et représentations de la déambulation dans la prose du XXe siècle, au moyen de la notion de clinamen (déviation aléatoire). Le jeu du hasard et de l'antihasard lui permet de comparer et de distinguer les fondements esthétiques du flâneur baudelairien, de l'errance surréaliste et de la dérive situationniste. Le marcheur oulipien produit son propre espace, génère sa topographie par la mise en place d'une procédure.

Les narrateurs de Perec ne se laissent pas aller : ils contrôlent le hasard systématiquement, ils construisent des stratégies d'évitement ou de production, ils expriment leur volonté. Debord est du côté de l'observation, Beaudouin, Garréta et Perec, de la production. La figure de l'arpenteur oulipien semble ainsi s'être construite comme une réaction à l'errance surréaliste mâtinée de dérive situationniste. (Nous soulignons.)

Si l'arpenteur oulipien n'hésite pas à dévier de la contrainte forte qu'il s'est imposée, clinamen volontaire qui dénote le libre-arbitre du marcheur, la moindre déviation dans le parcours de Fréchette conduit au mieux à la coquille, au pire, à l'illisibilité. La raison est simple : le programme a pour but d'obtenir un résultat figuratif, une succession de lettres et de mots qui forment un monostiche. Les déambulations oulipiennes circonscrivent leur propre espace, mais celui-ci n'est pas nécessairement iconique, représentatif d'une image quelconque, comme le présuppose le travail des artisans du *GPS Art*. Cela dit, l'arpenteur, qu'il soit membre de l'Oulipo ou non, participe au fil et à la constitution de l'histoire littéraire du marcheur, tout comme le flâneur, l'errant ou le promeneur solitaire.

En somme, la déstructuration opérée au champ est conséquente du passage esthétique de la production d'une œuvre de *Land Art* à une œuvre de *GPS Art* : déstructuration opérationnelle compte tenu du changement de l'agent traceur, matérielle car l'empreinte des pas sur le champ ne laisse aucune trace visible, contrairement aux charrues, et linguistique, puisque le texte « Texte Terre Tisse », et toute la charge interprétative qui en découle, sont raturés au profit d'une poésie nouvelle, interprétable à l'aune de tout le projet de *L'Arpenteur.*

Purification : au quartier général de Jean-Yves Fréchette

La phase de purification alchimique se compose de plusieurs procédés qui visent l'élimination d'éléments jugés hétérogènes : dissolution, liquéfaction, digestion, distillation. Pour *L'Arpenteur*, nous l'associerons à la digestion et la distillation des nombreuses données, qui ont lieu au quartier général de la manœuvre pédestre, soit la maison de Jean-Yves Fréchette.

Depuis 1982, la maison de Fréchette constitue une sorte de camp de base où tout se joue : à la fois lieu d'élaboration et de conception des performances, parfois témoin direct de celles-ci et finalement, espace de conservation, puisque nombre d'archives y sont emmagasinées. Ces trois fonctions sont activées dans le cas qui nous occupe. Le quartier général sert d'abord à Fréchette, qui reçoit des propositions de textes de la part du duo composé d'Isabelle Gagné et Sven, et les affine ensuite :

> Bleu diode m'a remis une série d'enveloppes que j'ai décachetées avant chaque séance d'écriture. J'y trouvais une partie de mon inspiration. Ce fut un beau clin d'œil à ma toute première performance de 1980 : *Plis sous pli*. En soi, leur proposition constitue aussi une espèce de livre objet interactif, comme *Plis sous pli*, mais en plus coloré et esthétiquement moins austère. Chaque jour j'ouvrais une enveloppe. Il y avait des indices, une phrase d'amorce, mais aussi des pictogrammes qui m'invitaient à résumer la situation météo ou mon humeur du jour. <u>Sur ces feuillets, j'intervenais, pour commenter, accepter ou refuser la proposition qui m'était faite.</u> Puis j'obtenais un texte que je recopiais sur ma feuille de route qui me pendrait au cou pendant toute la marche. Je m'y référais constamment pour évaluer la progression du texte et décider sur le champ des stratégies de marche qui étaient autant de stratégies d'écriture.[11] (Nous soulignons.)

En inscrivant la performance dans une logique de transmission du Web et des GPS, le quartier général s'impose aussi comme témoin, un lieu de captation ou de relayage des données en prévision de leur sélection. Plus précisément, le quartier général permet de télécharger les informations captées par les caméras, notamment une Arlo installée sur le garage visant le champ, ainsi que par le drone et les montres au poignet de Fréchette. Le quartier général permet au poète arpenteur de se (re)poser, d'obtenir une vue d'ensemble du poème produit, de porter un regard analytique sur le résultat final, de le digérer en comparant la conformité du texte virtuel sur écran avec le plan sommaire tracé sur papier avant la performance, après avoir lu les indices de Bleu diode. Le péditexte n'est donc jamais visible en temps réel au moment de la marche dans le champ : les montres enregistrent le parcours qui sera lu après coup, au QG, lorsque la performance du jour sera terminée.

Par ailleurs, pour *L'Arpenteur*, Bleu diode a revisité plus largement les travaux phares de Fréchette – *Agrotexte* bien sûr, mais aussi *Plis sous pli* – grâce à cette caverne d'Ali Baba que constitue le quartier général. Photos, documents d'époque, brouillons, critiques et autres artefacts des nombreuses pratiques littéraires, performatives et numériques s'y retrouvent. Bleu diode, pour qui la mémoire et les archives fonctionnent comme des leitmotivs, avait donc l'embarras du choix. Et ce choix, la sélection qui a été faite pour l'amorce de la performance, pour l'exposition ou pour l'œuvre Web, témoigne d'une démarche de purification par écrémage et distillation, puisque l'objectif est de tirer l'essence du travail de Fréchette. Autrement, la distillation opère aussi littéralement dans la mesure où Bleu diode, en faisant transiter les documents d'archives de matière solide à matière virtuelle, accomplit le processus qui consiste à séparer les différents éléments constituant un liquide ou un solide et à les recueillir sous forme gazeuse.

Réduction : au Centre d'exposition numérique TOPO

La phase de réduction, parfois appelée transformation, agit par séparation, par incinération ou par sublimation. La réduction, en ce qui nous concerne, sera bien entendu prise au sens figuré, et nous nous servirons justement d'une figure de rhétorique pour l'illustrer : la métonymie. « Procédé de langage par lequel on exprime un concept au moyen d'un terme désignant un autre concept qui lui est uni par une relation nécessaire » (*Le*

Robert), la métonymie se nomme *synecdoque* lorsque cette relation nécessaire est de l'ordre de la partie pour le tout[12], qui appelle ainsi, et entre autres, un mécanisme de réduction.

Le Centre de créations numérique TOPO se situe à Montréal, à plus de 220 kilomètres de Saint-Ubalde. Il a pour mission d'accompagner les artistes en leur fournissant outils, moyens, espace de production et de diffusion des projets souvent collectifs et versés dans les arts numériques. Pour *L'Arpenteur*, TOPO reste un atout majeur : d'une part, il héberge l'œuvre Web sur laquelle nous nous pencherons dans la prochaine section, d'autre part, grâce à la Vitrine, un espace d'exposition situé au rez-de-chaussée, il représente, de façon réduite, condensée et temporaire, le travail de Fréchette et de Bleu diode. Du 9 septembre au 30 octobre 2022, la Vitrine présentait, dans une configuration métonymique, le quartier général de Fréchette :

[FIGURE 3]
Capture d'écran du site :
https://www.agencetopo.qc.ca/wp/events/event/larpenteu r-bleu-diode/ (2022) © L'Arpenteur. Tous droits réservés.

L'exposition mise en place par Bleu diode reconstitue le milieu de vie et le travail de l'artiste Fréchette. Elle en propose une interprétation en offrant un échantillon : une seule pièce, la cuisine, regorge d'objets fonctionnant eux aussi par métonymie, comme le chapeau d'agriculteur. Le passé et le présent sont ici amalgamés par la présence concomitante d'objets symboliques soulignant les performances antérieures de Fréchette (ordinateur des années 1980, affiche *Agrotexte*, etc.) et d'objets autoréférentiels, utilisés donc dans le cadre de la performance de 2022, comme les fiches colorées de *Plis sous pli* ou les nombreux moniteurs récents. Notons à cet égard trois actions qui permettaient au spectateur/visiteur de saisir en temps réel ce qui se produisait au même moment à Saint-Ubalde. D'abord, Isabelle Gagné et Sven intervenaient à l'intérieur même de l'espace cuisine, pour y déplacer, ajouter ou supprimer des objets, par exemple, les photos des tracés collées sur le four, un geste qui suggère le passage du poète arpenteur dans la région de Portneuf. De plus, un moniteur diffusait jour et nuit ce que captait la caméra Arlo, installée sur le coin du garage et pointant vers le champ. Enfin, un autre écran diffusait le tracé GPS des *péditextes* produits par Fréchette en temps réel. Ainsi, toutes les performances au champ de 2022 auront été diffusées au moins une fois.

Le fonctionnement de type métonymique de la pièce et de ses artefacts s'apparente à une exposition muséale classique : le champ de Saint-Ubalde, le quartier général de Fréchette, les projets de 1982-2022 sont ici réduits à leur plus simple expression, dans un lieu qui condense temps, territoires, manœuvres artistiques. Espace représentatif, certes, mais non statique, mobile, compte tenu des allées et venues d'Isabelle Gagné et Sven; la pièce exposée dans la Vitrine de TOPO rappelle ainsi, outre les allées et venues de l'artiste au champ, l'idée même de la performance mouvante, unique et à durée déterminée.

Fixation : l'œuvre Web

La fixation, quatrième stade du processus de transmutation, permet de faire tenir ensemble et solidement deux éléments de manière durable, au moyen d'un agent fixateur et à travers différentes opérations comme la fermentation, la multiplication ou la projection, qui stabilisent les constituants volatils. Les performances agrotextuelles de 1982 et péditextuelles de 2022, indépendantes et volatiles parce qu'il s'agit de manœuvres artistiques momentanées, profitent d'un agent fixateur qui non seulement les pérennise, mais les amalgame : l'œuvre Web.

Nouvel encodage, nouveau territoire, nouvelle interprétation, le site offre une synthèse des travaux de Fréchette, alimentée par la perspective de Bleu diode sur ces mêmes travaux. D'une part, se succèdent aléatoirement sur la page d'accueil des images d'archives récoltées au quartier général du performeur, notamment de nombreuses photos. Elles sont ici « remixées », c'est-à-dire recoloriées, modifiées par l'ajout de texte et d'un effet *glitch*[13] à lignes irrégulières ou ondulées qui meuble les transitions entre chaque photo. D'autre part, en cliquant sur l'icône du marcheur, une nouvelle page s'affiche pour l'internaute, qui assiste alors à une des performances péditextuelles de Fréchette. Toutefois, ce n'est pas un enregistrement vidéo qui nous est présenté, mais plutôt le tracé GPS issu la performance. Et ce tracé apparaît lentement sous nos yeux, lecture lente qui se fait pas à pas, au rythme réel de la marche au champ. Entre les deux captures d'écran il s'est écoulé plus de vingt minutes pendant lesquelles les signes apparaissent sur la page comme par magie compte tenu de l'invisibilité de l'agent traceur.

[FIGURE 4]
Capture d'écran du site : https://topo.art/arpenteur/ (15 décembre 2022, 21h54)© L'Arpenteur. Tous droits réservés.

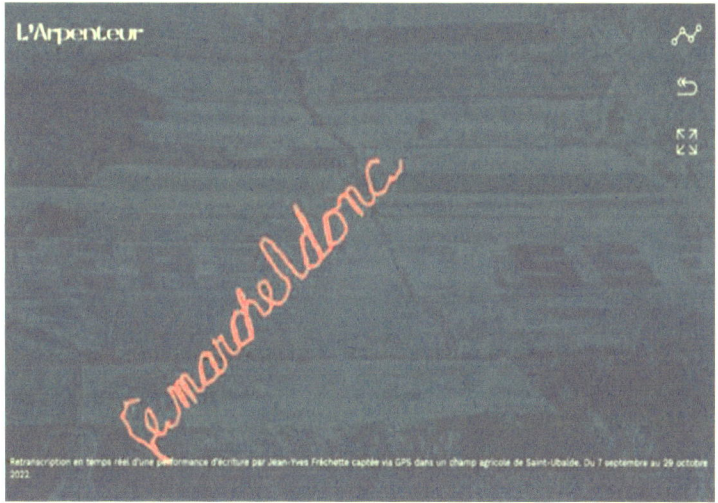

[FIGURE 5]
Capture d'écran du site : https://topo.art/arpenteur/ (15 décembre 2022, 22h15) © L'Arpenteur. Tous droits réservés.

Le dispositif incite la lecture à émettre différentes hypothèses quant au texte qui sera affiché, lesquelles se confirment ou non au fur et à mesure que les lettres sont formées. Rarement le temps de l'écriture et le temps de la lecture auront été aussi équivalent. La lenteur permet en plus d'explorer, d'analyser, d'interpréter tout ce qui supporte le tracé sur la page, en particulier l'image de fond, qui reste stable pendant le tracé mais change si la page est rechargée.

L'œuvre Web fixe donc *Agrotexte* et *L'Arpenteur* sur plusieurs plans. Elle se constitue elle-même en archive, par la matière source (certains *péditextes* de 2022, certaines images de 1982) qu'elle rend disponible sous une autre forme, et ce, jusqu'à la disparition du site, si elle a lieu. L'art performance est par définition éphémère : le temps d'une exposition est compté, circonscrit par des dates de début et de fin, tandis que l'existence d'une œuvre Web n'a pas de durée limitée, à moins d'avoir été programmée comme tel, ou que l'équipement (matière sur disque dur, par exemple) se détériore. De plus, l'œuvre Web fixe ensemble les deux performances et les fait fondre en une seule, comme l'illustrent les dernières captures d'écran : photo du champ labouré sur laquelle se superpose le tracé nouveau qui permet la lecture simultanée des mots de 1982 et de 2022. Finalement, la fixation permet la répétition : l'internaute consultera l'œuvre autant de fois qu'il le souhaite, parfois un poème nouveau sera tracé, parfois non, mais ce faisant, il duplique l'acte performatif qui, en réalité, n'a eu lieu qu'une seule fois.

Le Grand Œuvre

Pour conclure, nous allons proposer quelques pistes interprétatives que l'analyse du processus alchimique qui a transformé *Agrotexte* en *Arpenteur* a fait ressortir. En plus d'inverser les codes communs qu'il est coutume d'opposer dans l'étude des arts numériques – tangible / intangible, matériel / virtuel, inspiration / programmation, pérenne / éphémère – c'est toute la logique binaire qui semble ici métamorphosée en une logique plurielle d'hybridation et d'incorporation, où ce qui s'oppose et s'exclut généralement s'amalgame ici spécifiquement. Rappelons la mission du duo : « Bleu diode conçoit des dispositifs qui intègrent l'art du remix comme élément d'intrusion perturbateur, où le facteur humain agit en algorithme imprévu dans un environnement toujours plus automatisé. »[14] L'oxymore, « algorithme imprévu », revisite la définition de l'algorithme, laquelle comporte certes une part d'aléatoire mais présuppose une programmation qui évacue l'imprévisibilité. Le détournement est accentué par l'identification du « facteur humain » comme un algorithme potentiel. L'humain, être de chair et d'os, se transforme ici en composé virtuel. Dans *L'Arpenteur*, Fréchette constitue ce « facteur humain » qui « agit en algorithme imprévu », par le programme qu'il s'est fixé mais dont le résultat comporte une bonne dose d'imprévisible compte tenu du domaine performatif dans lequel s'inscrit son art. La transformation opère aussi sur l'opposition matériel/virtuel, qu'il est tentant et commun de corréler à l'opposition tangible/intangible. Ce qui est matériel peut être vu, touché, manipulé, ce qui est virtuel relève du domaine de l'abstrait, du potentiel. En incorporant des signes d'*Agrotexte* dans *L'Arpenteur*, le projet matérialise en la rendant *autrement* tangible la performance, tout en prolongeant sa durée de vie par cette existence nouvelle. Plus encore, en retournant à Saint-Ubalde, mais en faisant cette fois transiter les nouvelles performances par la technologie GPS, le projet réaffirme une matérialité autre, où le champ se confond avec l'écran.

Sans en avoir l'intention, Jean-Yves Fréchette et Bleu diode auraient donc travaillé au Grand Œuvre, tel qu'on nomme la réalisation de la pierre philosophale, et peut-être ont-ils trouvé l'élixir de longue vie, à moins que l'œuvre Web, un jour, ne disparaisse… elle aussi.[15] La magie alchimique que cet article a tenté de ressortir s'appuie moins sur les symboles et autres signes d'occultisme que sur les opérations et procédés ayant permis la réalisation de *L'Arpenteur*. Nous avons tiré parti de la conception du Grand Œuvre de François Le Lionnais, ingénieur chimiste de formation. Dans son tableau, le « Grand Œuvre » en question n'est ni figuré ni représenté : il s'agit bel et bien d'un tableau opérationnel, qu'il est aisé d'alimenter des constituants de *L'Arpenteur* :

	Opérations			
	Déstructuration	**Purification**	**Réduction**	**Fixation**
L'Arpenteur	Le champ	Le quartier général	*La Vitrine* TOPO	L'œuvre Web

Comme quoi l'étude des procédés, à l'inverse de ce qui est généralement admis, permet parfois de faire apparaître une certaine magie, sans pour autant percer quelconque mystère.

Références numériques

https://www.agencetopo.qc.ca/wp/events/event/larpenteur-bleu-diode/

http://topo.art/arpenteur/

https://www.bleudiode.com/

https://www.facebook.com/bleudiode

https://www.youtube.com/watch?v=WEsh1t8IlGs :
Geneviève ALLARD, *Terre trace tangible, de l'Agrotexte à l'Arpenteur*, court-documentaire, 2022.

https://www.nathanrae.co.uk/gpsart

https://gpsdrawing.info/en/works/peace-on-earth/

NOTES

[1] Je remercie Jean-Yves Fréchette, Isabelle Gagné et Stefan Buridans alias Sven pour leur temps et leurs réponses aux questions qui ont servi la réflexion. De même, je remercie Peter Consenstein pour sa lecture attentive et David Nadeau pour les pistes suggérées.

[2] Maria (IIIe siècle). Connue aussi sous d'autres noms, dont Miriam Prophetissa ou Marie la Juive, Maria est une alchimiste réputée pour cet axiome : « Un devient deux, deux devient trois, et du troisième vient le premier comme le quatrième ». On lui attribue l'invention, à tout le moins l'usage de certains appareils qui servent aujourd'hui dans les laboratoires de chimie ou au quotidien, comme le bain-marie.

Albert le Grand (1193-1280). À noter que *L'influence d'un livre*, considéré par plusieurs comme le premier roman québécois, met en scène Charles Amand, un personnage *adepte* ou *philosophe*, suivant les principes et subissant l'influence du *Petit Albert*.

Paracelse (1493-1541). Célèbre auteur prolifique, médecin, fils de médecin sensible aux éléments de la nature, versé dans l'alchimie et sa métaphysique.

[3] Alain QUÉRUEL, *L'alchimie*, Eyrolles, 2013.

[4] Alfred JARRY, *Gestes et opinions du docteur Faustroll, pataphysicien*, Paris, Fasquelle, 1911. Irène HILLEL-ERLANGER, *Voyages en kaléidoscope*, Paris, Georges Crès, 1919. Brunella ERULI, *Jarry, i mostri dell'immagine,* Pisa, Pacini, coll. Saggi critici, 1982, citée dans *Alfred Jarry – Le Colin-Maillard cérébral*, thèse de doctorat de Julien SCHUH, Université Paris IV-Sorbonne, 2008, 17.

[5] Le nom du duo fait référence à la lumière bleue que dégage les écrans, eux-mêmes constitués de diodes électroluminescentes.

[6] Dans *Oupeinpo. Du potentiel dans l'art*, Seuil, 2005 (1981), 13-14. Pour un aperçu des travaux de l'Oupeinpo liés au Tableau, voir cette reproduction :

complémentation, l'ordre, la tangence, la symétrie, la réflexivité, l'asymétrie, la dissymétrie, l'antisymétrie, la transitivité, le voisinage, l'ouvert/fermé, la frontière, l'adhérence...

6 janvier 1981

Le Tableau des 1 000 colonnes
(fragment).

Le tableau tel qu'il est utilisé par l'Oupeinpo comporte trois feuilles, soit 1,50 x 0,65 mètre de papier millimétré. Les têtes de lignes sont : support, matériau, matériel, surface (au sens de format, aire), forme (en 2 et en 3 D), dessin, couleur, tactilité même visuelle (effets de matière), relations de l'œuvre avec ce qui n'est pas elle (1/ opérateur ; 2/ milieu physique ; 3/ spectateur), opérateur (l'artiste ou autre), style, sujet, entités figurées, cadre. Les têtes de colonnes sont des opérations mathématiques ou logiques. La croisée d'une ligne et d'une colonne permet de générer ou de repérer des inventions oupeinpiennes (ou des pratiques existantes).

Matériau ⊥ interférence :
« Vinaigrette picturale, par ex. :
1) deux médiums différents et un même pigment ;
2) même médium, pigments différents (peinture traditionnelle) ».

Matériel ⊥ interférence :
« Écrasement d'un pinceau par un marteau. Peindre selon le principe de Helmholtz (limaille de fer). Archet-marteau-sonnette ».

Forme 2 D ⊥ ressemblance :
« Rime plastique. Perversions (JV). Patinir (image = rocher). Arcimboldo. Fractales. Miroir. Duchamp. Markus Raetz. Calligrammes ».

7 Cité par Alain QUÉRUEL, *op cit.* 47. Dans une note, Quéruel précise sa source : « Dans la traduction d'Albert le Grand proposée par Albert Poisson publiée à la bibliothèque Chacomac (1891), on peut lire : 1/ décomposer; 2/ laver; 3/ réduire; 4/ fixer », 104.

8 À main levée, de la même manière que Nathan Rae et à l'inverse d'une technique de connexion point par point, en mettant le dispositif GPS en pause et en le redémarrant à différents endroits, technique privilégiée par l'artiste japonais Yassan pour PEACE on Earth, 2015.

9 Pour clore l'événement commémoratif du 10 octobre, le public (parents, amis, organisateurs de 1982, cultivateurs de l'époque) était invité à marcher sur le champ pour tracer « Agrotexte ».

10 Paris, Classique Garnier, coll. « Études de littérature des XXe et XXIe siècles », n° 82, 2019, 79.

11 Communication personnelle. Avec l'aimable autorisation de Jean-Yves Fréchette.

12 Il existe d'autres variantes que la partie pour le tout, comme le genre et l'espèce.

13 Il y a lieu de se demander si le *glitch* pourrait être considéré comme un clinamen numérique. Erreur dans le système, le *glitch* se distingue du *bug* en ceci qu'il constitue une défaillance qui résulte d'un dysfonctionnement interne, plutôt qu'un défaut de protection contre un événement extérieur. Ainsi, provoquer un « effet glitch », c'est faire dérailler le système de manière intentionnelle.

[14] https://www.bleudiode.com/ consulté le 19 décembre 2022.

[15] La question de la pérennisation de l'œuvre numérique est un enjeu majeur qui pourrait faire l'objet à elle seule de tout un article. Je fais ici un clin d'œil à la performance de LopLop, *Million*, à laquelle a participé TOPO, soit la destruction d'un million d'œuvres numériques créées pour l'occasion, entre le lundi 22 août 2022 et le samedi 3 septembre, 17 h.

https://www.agencetopo.qc.ca/wp/events/event/million-loplop/

Mark Wolff
Hartwick College (Oneonta, New York)

Algorithms, Structures, Complexity: Oulipian Efforts to Explore Language with Computation

The first communications of the Oulipo clearly indicate that the group looked forward to working with computers to explore potentiality in literature. In his minutes for the OLiPo's meeting on 22 December 1960 (one month before the group decided to call itself *OuLiPo*), Jacques Bens declares as « TOP SECRET » that two members will seek the support of the information technology companies IBM and BULL to « tenter d'utiliser des machines électroniques pour différents travaux d'analyse littéraire. »[1] In « La LiPo » (first published in 1961 by the Collège de 'Pataphysique) François Le Lionnais declared the Oulipo would systematically and scientifically search for new ways to write literature « en recourant aux bons offices des machines à traiter l'information. »[2] During his interview with Georges Charbonnier in 1962 Raymond Queneau anticipated that the Oulipo would discover new ways to create literature for other writers by leveraging computation:

« Naturellement, il faudrait qu'on ait des machines qui travaillent pour nous. Cela va venir. Cela viendra, nous l'espérons, puisque ces machines existent, autant s'en servir. »[3]

In *La Littérature potentielle (créations, ré-créations, recréations)*, published in 1973 for a broad audience, the Oulipo does not elaborate much on their enthusiasm for computers, other than a brief but helpful explanation from Le Lionnais of how computer languages enable humans to communicate with machines.[4]

A more comprehensive and theoretical investigation of using information technology to explore potentiality appears with the 1981 publication of *Atlas de littérature potentielle*. The volume contains a section on « Oulipo et informatique » with contributions by Paul Fournel and Paul Braffort on demonstrations of Oulipian combinatory works (such as Queneau's *Cent mille milliards de poèmes*) adapted as interactive computer programs.[5] Italo Calvino speculates on using computers to help writers sort through combinatorial complexities and find an esthetically appropriate solution.[6] Most significant, however, is the essay on « Un système formel pour l'algorithmique littéraire » (USFAL), where Paul Braffort offers a detailed explanation of how computer programming can help writers specify the constraints they use.[7] USFAL, along with the complete computer program written by Braffort to generate Marcel Bénabou's aphorisms, provides a tutorial for programming in a computer language and enables the reader to experiment with code to see how it works to make texts.

The *Atlas* was republished in 1988 with a new essay by Braffort on « Formalismes pour l'analyse et la synthèse de textes littéraires » (FASTL), which replaced the one on USFAL.[8] The Atelier de Littérature Assistée par la Mathématique et les Ordinateurs, or the ALAMO, had been formed in 1981 as « une organisation sœur (ou fille) de l'Oulipo » focused on developing computer applications for generating literary texts.[9] Braffort uses much of the essay to give a report on the efforts of the ALAMO to develop tools so that writers can define algorithms and eventually produce works. Abandoning the computer programming tutorial and any reference to a specific programming language or concrete examples of code, Braffort outlines an ambitious theory of literary structure combining Chomskian linguistics with the axiomatic reasoning of the Bourbaki group of mathematicians.

FASTL represents the final attempt by the Oulipo to understand how computation relates to potentiality in literature.[10] Even though the ALAMO included Oulipians such as Braffort, Bénabou, Paul Fournel and Jacques Roubaud, the Oulipo itself did not explore the use information technology as it had imagined in its early days, and it moved to other pursuits. The Oulipo made a conscious (and, so far, unreversed) decision to avoid computation as a means for exploring potentiality.

The USFAL and FASTL essays have received very little scholarly attention, despite their focus on how computers could be used to analyze existing structures in texts and synthesize new ways to write. How do these essays differ? Why did FASTL replace USFAL? How does the shift from USFAL to FASTL reflect an evolving understanding of the use of algorithms in generating literary texts? And finally, are there any lessons to be learned about current research on artificial intelligence from the Oulipian foray into using computation as a tool for reading and writing literature?

Unchanging principles

Braffort begins USFAL and FASTL with nearly the same preamble, recalling the first words from Marx and Engel's *Manifesto of the Communist Party* and therefore announcing another Oulipian manifesto alongside those written by Le Lionnais:

> Un spectre hante l'OuLiPo : celui de la formalisation. Avant même que l'éternelle brigade eût quitté l'immanence, les pères fondateurs évoquaient un laboratoire où le langage mathématique, puis l'outil informatique devraient fournir une contribution essentielle.[11]

In FASTL he modifies this only slightly with « les pères fondateurs caressaient le projet d'un *laboratoire.* »[12] In both cases he suggests a place where individuals with technical skills work with theories and equipment to make literature. This notion of a laboratory aligns well with the *ouvroir*, or workplace where, traditionally, women gathered to sew garments and which the Oulipo adopted to convey a sense of collaborative artisanship.[13] The Oulipo has always been understood as a collective, but

Braffort emphasizes the importance of mathematics and computers as the necessary and reciprocal means for codifying and implementing formal definitions of literature among a cadre of skilled workers: « Certes, il y faut des moyens (sans doute informatiques) et surtout des ouvriers […]. »[14]

To a certain degree Braffort maintains a consistent approach to formalization in developing USFAL and FASTL. The key to an effective formalization for specifying literary constraints is a system of notations that allow for the symbolic representation of

– les entités sur lesquelles on raisonne
– les opérations à quoi elles seront soumises
– les relations qu'elles pourront entretenir
– la syntaxe à laquelle obéiront les symboles représentant entités et relations[15]

This is a mathematical system that removes ambiguity concerning how entities such as words are arranged according to precise rules. Entities need not be limited to words only, and this is the power of formalization. The abstraction afforded by a system of notations allows for other kinds of entities (such as letters and phonemes as well as whole verses and paragraphs) to undergo the same operations and relations following an established syntax: « Qui ne rêverait que le palindrome usuel (de lettres) pût servir de modèle à un palindrome de syllabes, de mots, … de personnages et même d'événements. »[16] There is clearly an ambition within the Oulipo to extend formalization beyond letters and words to encompass and control broader dimensions of literature.

For Braffort, the Oulipo's efforts to formalize potential literature will require « un processus itératif » based on « approximations successives. »[17] One reason for this trial-and-error approach is that writers have traditionally relied on natural language to express the constraints they use, but natural language does not possess an adequate degree of rigor and specificity. In borrowing from mathematics, the need for precision in defining and applying formal structures increases. More importantly, however, is ensuring that the formal language achieves its intended purpose. Le Lionnais had already recognized that programming computers to perform tasks required considerable labor:

> Savoir parler correctement à une machine — c'est-à-dire lui indiquer tout ce qu'elle devra faire pour

accomplir la mission qu'on lui assigne — est […]
un art… et une corvée fastidieuse. Les occasions de
se tromper sont innombrables, et, aucune intuition
ne nous guidant dans ce travail, on ne peut éviter les
erreurs qu'au prix d'une attention et d'une patience
peu compatibles avec la primesautière mentalité
humaine.[18]

By developing USFAL and then FASTL, Braffort expects
implementation challenges. A formal system for
instructing a machine to recognize and build a particular
linguistic pattern will encounter unforeseen technical
challenges. Formalization will require adaptation to the
constraints of a given machine and platform. Despite the
challenges, Braffort believes that with perseverance the
literary programmer will ultimately impose his will on the
machine and instruct it to produce desired output.

Braffort anticipates the eventual cataloguing of
literary constraints through a programming language that
can both define a structure and verify that a text meets the
necessary conditions for the structure, calling a constraint
on formalized writing a *prescriptum*, and relating this
method of formalization to mathematics and predicate
logic: « nous associerons un système de prescripta de la

même façon que les mathématiciens définissent une structure mathématique en énonçant les *postulats* qui en spécifient les propriétés. »[19] A prescriptum will codify a particular constraint as an expression that can be evaluated ultimately as a Boolean value of « true » or « false ». A prescriptum for a palindrome would evaluate as « true » if the prescriptum, as a computational function, received as input a sequence of characters that remained the same when the sequence was reversed.

The results of using computation to support literary creation will build on traditional categories for texts and lead to a new form of creativity. USFAL and FASTL both promise to « rendre explicites les jeux de contraintes dont un auteur ne saurait se passer, afin d'y rendre possibles calculs et déductions rigoureuses. »[20] Braffort proposes calling this literature « non jourdanienne, » in reference to Monsieur Jourdain from Molière's *Le Bourgeois gentilhomme* who, wanting to become a man of letters, learns that « Tout ce qui n'est point prose est vers; et tout ce qui n'est point vers est prose. »[21] Braffort insists that « la frontière qui s'y dessine n'est plus entre poésie et prose, mais entre textes quasi amorphes et textes à fortes contraintes. »[22] With constraints rigorously defined for a computer, their application will lead to new possibilities:

Le formalisme, et l'histoire des Sciences nous le montre bien, n'est pas un carcan. Si l'on réussit à surmonter l'aridité parfois excessive des symboles, on constate que la concision qui résulte de leur emploi est pour l'imagination un stimulant irremplaçable.[23]

Both USFAL and FASTL imagine a new way to write literature requiring the use of computation. Working with a machine involves manipulating a symbolic language that may seem initially impenetrable, but patient experimentation can lead to a technological proficiency in expressing oneself, opening new possibilities for literary creation.

USFAL

Braffort's initial attempt to outline a theory of formalization for the Oulipo responds to a recognition that everything the Oulipo has discovered exploring new ways to write verse « demeurait modeste en ce qui concerne la complexité des structures nouvelles que l'on proposait. »[24] What is needed is a system of formalization that not only describes constraints but also « [permette] le *calcul.* »[25] Braffort finds a solution in the computer programming language APL, developed in the 1950s by Kenneth Iverson who had taught applied mathematics at Harvard before joining IBM. APL stands for « A Programming Language » and according to Iverson it is intended to « be concise, precise, consistent over a wide area of application, mnemonic, and economical of symbols. »[26] APL consists of non-Latin symbols, very often based on Greek letters, with precise meanings for entities, relations, and operations that must follow a strict syntax. In USFAL Braffort offers an extensive demonstration of how APL symbols can be used to describe processes for manipulating character data. Here is a sample from which the reader can infer what the notation means:

$$3 \uparrow \text{'PAUL'}$$

PAU

$$M \leftarrow 3 \ 2\rho \text{ 'OULIPO'}$$

OU
LI
PO

$$2 \ 1 \uparrow M$$

O

```
L
      3 ↓ 'PAUL'
L
      2  1 ↓ M
P
      φ 'PAUL'
LUAP 27
```

With numerous snippets of code the reader can reproduce on a computer system, USFAL effectively serves as a programming tutorial for APL. Braffort recognizes that « cette longue énumération des symboles peut lasser le lecteur » but he urges the reader to return to the examples he demonstrates to fully understand and make use of them.[28]

Through APL, USFAL implements simple structures for building more complex structures. After presenting his programming tutorial, Braffort imagines how APL could be augmented to facilitate literary creation. He describes abstractly a set of global variables for linguistic resources. These resources include an alphabet, a list of phonemes recognized by speakers, a lexicon, a list of syntactic categories that represent the rules of correct sentence formation, and a list of semantic categories that represent how sentences are meaningful. Braffort does not populate these lists with values because the lists are speculative: he notes that « pour […] la description des contraintes algorithmiques de la littérature […] il ne sera pas nécessaire, en général, que les objets en question soient entièrement spécifiés. »[29] He also anticipates the eventual development of functions for transforming sequences of phonemes into words (thus transcribing a text) and for transforming sequences of words into phonemes (thus pronouncing a text).[30] Once fully developed, these resources would be immediately available for processing. APL lends itself particularly well to this setup because the programming language is designed to be used in what is referred to in APL programming as a workspace (or what Braffort calls an « environnement ») that offers two processing modes: the evaluation of objects consisting of numbers, characters, and vectors/matrices of numbers and characters; and the definition of functions that can be stored and invoked as needed to perform operations on objects. Together, these processing modes enable one both to test how well a code snippet of APL formalizes literary structure and to store encoded formalizations for the eventual generation of texts.

USFAL thus affords an *elemental* system of formalization: it provides basic operations for simple data, allowing the programmer to construct more complex linguistic structures. In 1981 Iverson explained that an effective programming language should not only allow for the execution of tasks with a computer but also « [make] possible precise thought experiments » through « the lack of ambiguity. »[31] For Iverson, a programming language should deploy « notation as a tool of thought » that, among other benefits, enables the programmer to create code that suggests applications for other purposes.[32] Braffort's criteria for effective notation in USFAL and FASTL (in particular, prescripta) follow Iverson's thinking, but the implementation of APL for USFAL manifests concretely a formalization that can lead to invention. Here is Braffort's function in APL that defines a palindrome:

$$[0] \ Z \leftarrow \text{PALINDROME X}$$
$$[1] \ Z \leftarrow \wedge / X = \phi \ X \ ^{33}$$

If a palindrome is a sequence of objects (for instance, letters) that reverses itself at its midpoint, a symbolic representation of this structure should suggest ways other objects can be sequenced similarly and precisely. If symbolic notation can be used to invent new structures for specific objects, those structures can indicate new possibilities for other, perhaps unimagined, objects.[34]

In addition to the palindrome, Braffort provides in USFAL several examples of prescripta that formalize literary constraints. These prescripta include APL code for testing if two words rhyme, if a text contains two quatrains and two tercets, if each verse contains twelve syllables, and if the text follows an ABBA ABBA CDC DCD rhyme scheme. The prescripta can be combined to define formally a sonnet:

$$[0] \ Z \leftarrow \text{SONNET} \ X$$

$$[1] \ Z1 \leftarrow 14 = 1 \uparrow X$$

$$[2] \ Z2 \leftarrow \rho \ (\top S) = 14 \ \ 12$$

$$[3] \ Z3 \leftarrow (\text{TYPO} \ X) = 4 \ \ 0 \ \ 4 \ \ 0 \ \ 3 \ \ 0 \ \ 3$$

$$[4] \ Z4 \leftarrow \text{RIME} \ / \ S \ (1 \ \ 4 \ \ 5 \ \ 8;)$$

$$[5] \ Z5 \leftarrow \text{RIME} \ / \ S \ (2 \ \ 3 \ \ 6 \ \ 7;)$$

$$[6] \ Z6 \leftarrow \text{RIME} \ / \ S \ (8 \ \ 10 \ \ 12;)$$

$$[7] \ Z7 \leftarrow \text{RIME} \ / \ S \ (9 \ \ 11 \ \ 13;)$$

$$[8] \ Z \leftarrow Z1 \wedge Z2 \wedge Z3 \wedge Z4 \wedge Z5 \wedge Z6 \wedge Z7 \ ^{[35]}$$

The code for the sonnet shows how formalization is elemental in USFAL. Postulates that ensure the text contains exactly fourteen verses (line [1]) with twelve syllables each (line [2]) can be expressed using the symbols in APL, but more complicated constraints like stanza structure and rhyming schemes require their own prescripta (or what programmers today would code as subroutines) that can be formalized separately. Prescripta can even define forms that transgress classical structures: « on voit sans peine comment exploiter cette technique pour spécifier formellement l'ensemble des règles de la prosodie usuelle. » Même le conseil de Verlaine « préfère l'impair » s'exprime en prescripta : 2 | ρ ⊤ X = 1 »[36]

The code examples in USFAL serve as proof of the concept of the prescriptum, but elsewhere in the *Atlas* Braffort offers a more substantial formalization of literary constraints for implementation with a computer. The section « Prose et combinatoire » includes an entire program written in APL for generating aphorisms according to the method outlined in Marcel Bénabou's «Un aphorisme peut en cacher un autre. »[37] Bénabou provides a list of templates for aphorisms with placeholders for nouns, such as « A est la continuation de

B par d'autres moyens. » He also compiles lists of nouns one can insert in the templates, such as the antonyms « amour » and « haine. » Generating new aphorisms requires procedures for not only selecting a template and nouns but also assuring grammatical correctness. All these tasks can be explained easily as an algorithm in natural language, but Braffort seeks to do so through a formal notation that assures intentionality and precision. The algorithm cannot generate all possible aphorisms because there are no complete lists of possible templates and nouns, but it can produce aphorisms exhaustively with the data supplied by the programmer.

Braffort writes the program so that the letters in a user's name determine the selection of templates and nouns. Here is what happens when a user inputs « PAUL BRAFFORT » (see Figure 1):

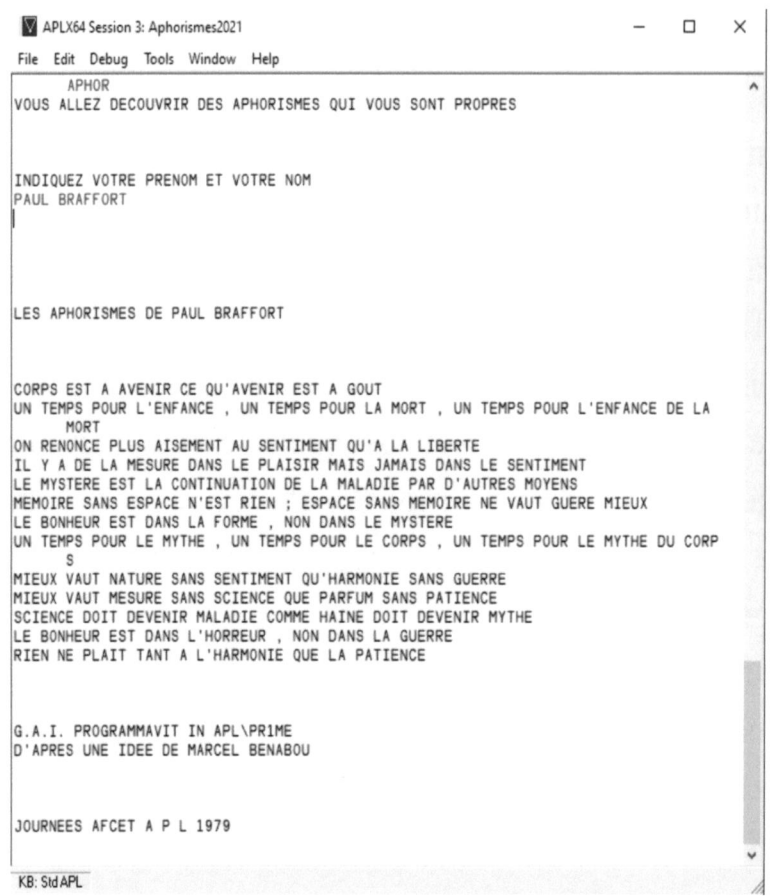

[FIGURE 1] Paul Braffort's aphorisms. Source: *APLX*.

It is beyond the scope of this article to explain in detail how the program works. The ambitious reader can enter the program into a current APL interpreter such as *APLX* [38] and study how the symbolic notations facilitate the definition of structures for templates, nouns, and other data needed to generate aphorisms. Appendix I contains a minimally transcribed version of Braffort's program[39] that runs on *APLX*. This is the most elaborate published computer program written by a member of the Oulipo for the Oulipo. Braffort asserts that the program published in the *Atlas* provides « une analyse tout à fait complète des procédures mises en jeu [pour donner] au lecteur une idée précise des rapports entre l'informatique et le traitement du langage matriciel. »[40] He supports this claim in USFAL with documentation on how he wrote the program in APL, allowing the reader to verify the code to see how it works as an operationalization of literary formalization.

FASTL

By replacing USFAL with FASTL in the 1988 edition of the *Atlas*, the Oulipo rendered Braffort's program for generating aphorisms impossible to understand. In FASTL Braffort mentions his earlier use of APL but claims that « les commentaires des lecteurs et notre propre expérience nous ont conduit à modifier considérablement notre approche, au moins en ce qui concerne la formalisation. »[41] The changes to formalization introduced in FASTL reflect an effort to reconcile an understanding of generative grammar with the axiomatic reasoning of the Bourbaki mathematicians. Formalization in FASTL is necessarily *hierarchical*, with the expectation that low-level linguistic patterns will be reproduced at higher levels. The choice of postulates at the foundation of axiomatic reasoning represents a conscious esthetic choice for creating texts. It will be evident in what follows that such a choice can overdetermine the constraints and limit the performance of algorithms.

Braffort revises his assessment of the Oulipo's efforts at formalization by claiming that everything the Oulipo has discovered « ne proposait guère de structure nouvelle véritablement complexe. »[42] The problem stems from the difference between formal languages and natural languages. Despite advances in information technology (Braffort is writing in the mid 1980s), computer programming languages cannot adequately capture the complexity of natural languages. Literature often exploits reflexivity in language but a system of formalization must avoid circularity.[43] What is needed is a system of compelling artifices added to natural language that enable writers to exploit natural language in formalizable ways. Such artifices are not new in human efforts to create knowledge: « tout ce qui contribue à présenter et à interpréter le monde qui nous entoure […] forme un jeu de tels artifices tout comme ces outils particuliers que nous offrent les technologies — y compris l'informatique. »[44] Braffort claims that all efforts to make sense of the world ultimately involve metaphor and analogy. These artifices rely on isomorphisms between different ways of knowing and establish « des analogies de structures. » The use of metaphors and analogies serves as « un algorithme universel de rationalisation — et même de formalisation. »[45] Part of the shift from USFAL (which deployed a programming language to describe any linguistic pattern) to FASTL involves an initial assertion that formalization must be based on recurring patterns.

By placing recurrence as a condition for an adequate system of formalization, Braffort attempts to fuse generative grammar with artistic intentionality. In *Syntactic Structures* Noam Chomsky explains the goal of what is commonly known as generative grammar:

> The fundamental aim in the linguistic analysis of a language L is to separate the *grammatical* sequences which are the sentences of L from the *ungrammatical* sequences which are not sentences

of L and to study the structure of the grammatical sentences. The grammar of L will thus be a device that generates all of the grammatical sequences of L and none of the ungrammatical ones.[46]

Braffort's approach to formalization for computation largely follows Chomsky's idea with a few important modifications. Instead of grammar, Braffort wants to define literary structure, which, from a formalist perspective, should follow a defined set of rules (the *clinamen*[47] notwithstanding). Chomsky begins with the premise that the rules of grammar are already established (through innate knowledge ultimately grounded in biological determinism) and discoverable by careful analysis. One cannot invent a grammatical structure, one can only generate a sentence that conforms to already determined grammatical rules. A novel literary structure, however, can be invented, and formalization will define the structure precisely. The problem for Braffort with a strictly generative literary grammar is that it can produce undesirable results. For him there need to be limits on what counts as a literary text produced according to formalizable rules. Chomsky recognizes the difference between grammatical correctness and semantic sense by constructing the meaningless sentence « Colorless green ideas sleep furiously »[48] but he does not care about semantics in searching for the rules that define a grammar. Braffort, however, wants to « échapper aux pièges d'une syntagmatique purement locale, génératrice de contre-exemples artificiels. »[49] He seeks a system for formally defining literary rules to be based on texts already recognized as literary (« se « limiter » à l'univers de la littérature, c'est en même temps ouvrir la recherche sur un vaste panorama »)[50] and to generate texts that reproduce this literariness. The idea of hierarchy is already embedded in what can be formalized as literature.

The axiomatic method of Bourbaki guarantees that meaning will be intentional through the complete control of hierarchical objects and deductive reasoning that FASTL specifies. Given a set of basic concepts, definitions, and postulates as developed by German mathematicians such as David Hilbert[51], Braffort proposes building literary structures deductively. The choice of postulates determines what is and is not possible, and one can follow the chain of reasoning to understand how a structure emerges. With the isomorphic artifices of analogy and metaphor, low-level structures provide a foundation for higher-level structures, all based on the same mathematical concepts and premises. Using the axiomatic method, the Bourbaki group envisioned the discovery of deep structures would unite various subfields of mathematics.[52] The choice of postulates and data structures purposely controls what can be constructed. Following the example of Bourbaki, FASTL promises to discover new literary objects but the promise is encumbered by FASTL's presuppositions about what constitutes the literary.

Braffort identifies three sources of postulates for FASTL. He attributes the first to what Jacques Roubaud calls « Passe-partout pour la Poésie » (PPP) whereby « les contraintes spécifiques de la Poésie — et leur articulation — permettent à une langue de se décrire elle-même. »[53] PPP reflects other principles championed by Roubaud and endorsed by Braffort where constraints not only shape a text but also create a space for speaking about language itself. Earlier in the *Atlas* Roubaud claims that in some cases an Oulipian text speaks of its constraints, such as George Perec's lipogram novel *La Disparition*. A Oulipian text written with a mathematizable constraint can also demonstrate the consequences of the mathematical theory associated with the constraint, such as Braffort's *Mes Hypertropes*.[54] The formalization of FASTL effectively requires some instance of self-reference in texts produced algorithmically.

The second comes from Pierre Lusson's « Théorie du Rythme Abstrait » (TRA) which holds that « le rythme est la combinatoire séquentielle hiérarchisée d'événements élémentaires discrets considérés sous le seul aspect du même et du différent. »[55] TRA is a key component in Roubaud's sprawling *projet* where he looks forward to developing a mathematized poetics based on definitions and operations from set theory and abstract algebra as well as the axiom « la poésie est mémoire de la langue. » In his *Description du projet*, Roubaud explains that hierarchy in TRA means « la combinatoire rythmique regroupe les événements, qui sont alors considérés comme des événements simples d'un niveau nouveau, supérieur.»[56] Braffort applies this notion to FASTL by recognizing simple textual objects (alphanumeric characters, symbols, and punctuation) as the underlying material for more complex objects (words, verses, stanzas, poems, volumes, series, …).[57] All objects are expected to demonstrate TRA through sequentiality and combinatorics at different scales.

The third is the assertion that structures will reproduce themselves from one level of formalization to another. Braffort calls this a « Heuristique des Morphismes Verticaux » (HMV):

> Les concepts et les méthodes d'analyse et de synthèse qui opèrent à un niveau déterminé de l'échelle des structures textuelles sont également valides et efficaces aux autres niveaux de cette échelle, à condition de donner des valeurs convenables aux paramètres.[58]

The principal operations of HMV, grounded in the universal method of analogy and metaphor, are substitution and unification. Braffort relates substitution specifically to Marcel Bénabou's « Traitement Automatique du Langage Cuit » (TALC), of which the computer program for generating aphorisms is an example, and generally to the lambda calculus, a field of mathematics that focuses on how functions operate as rules for computation rather than as mappings from one domain to another (input and output). Braffort explains unification in terms of building tree-like structures: « on construit d'abord des arborescences « locales » qu'on assemble ensuite en arbres plus grands. »[59] The challenge for formalization is rendering explicit the links between textual objects (both laterally and vertically within the hierarchy) and ensuring that the objects relate to the world in some meaningful way. Braffort sees the need for a comprehensive database that serves as an encyclopedia of the « physique de la vie quotidienne » for computationally generated texts.[60] Formalization under FASTL must follow its own internal rules but it must also refer to an empirically constant and verifiable world outside its constraints.

It is the desire to maintain internal consistency within a system of formalization while seeking relatable external referents for generated texts that leads Braffort to abandon the use of symbols to represent literary structure. He explains the shift away from APL as a matter of didactic pragmatism:

> Le réalisme commande, en effet, tant dans le domaine de l'analyse que dans celui de la synthèse, de faire preuve du plus grand éclectisme et d'accepter tous les systèmes formels qui nous sont proposés, quitte à aménager des procédures de traduction automatique pour les rendre compatibles avec celui qui demeurera, dans ce domaine, le plus commode à manipuler, le plus commode, surtout, à

> mettre en œuvre dans les programmes interactifs, le langage naturel, augmenté de quelques outils « diagrammatiques ».[61]

Braffort reneges on the principle of formal notation presented at the beginning of USFAL and FASTL in favor of a system based ultimately on natural language. The possible ambiguities of reflexivity in language are less concerning than the obstacles of learning an esoteric programming language. Braffort proposes that interactive programs be developed for users, dispensing with the need to learn how to program with a language like APL. Various tools for analyzing and synthesizing texts may be written in any programming language, provided the user interface makes use of natural language augmented with visual aids.

Braffort replaces APL with LAPAL (« Langage Algorithmique pour la Production Assistée de Littérature») as the principal tool for FASTL. In 1984 he outlines the features of LAPAL, comparing it to other literary computer applications of the time (such as MESSY, TALE-SPIN, ROALD and AUTHOR) and noting that they are too technical for literary creation. Renouncing any effort to encourage the use of a programming language to those who would use computers as tools for writing, Braffort insists « que l'utilisateur écrivain oublie autant que possible la technique informatique pour concentrer son effort sur les problèmes essentiellement littéraires. »[62] The explanation of how LAPAL works is vague because, unlike the presentation of APL code for USFAL, Braffort offers no examples of how the code works nor does he produce any output facilitated by LAPAL. He assures that it operates algorithmically, defining an algorithm as

> une fonction qui, appliquée à [un] texte, considéré comme son **argument** fournit un **résultat**. Ce résultat est lui-même un texte, mais un texte où se trouve explicitée une organisation complexe et fortement structurée de fragments de textes et d'énoncés symboliques[63]

This is an unusual definition of an algorithm in that it gives no consideration to the importance of procedure leading to an anticipated outcome.[64] Unlike the lambda calculus, functions here are understood as mappings between different sets of objects with predetermined relations. Postulating that the objects are hierarchical in structure without first defining how relations are established imposes unwarranted constraints on what is possible algorithmically. The specifications for LAPAL and its expected output render the design of the program extremely complex and difficult to implement. FASTL does not contribute in any significant way to advance formalization through computation.[65]

USFAL, FASTL, and Complexity

The transition from USFAL to FASTL demonstrates a strategic error in leveraging computation for generating texts. Recent developments in the computational language models that form the basis of artificial general intelligence (AGI) reverse Braffort's shift from an elemental system for literary formalization to a hierarchical system. Instead of selecting and formatting data in advance of processing by an algorithm that can manipulate patterns in text (the approach taken with FASTL), current research in AGI defines simple entities, operations, relations, and syntax in a system out of which complex objects emerge (aligning with USFAL).

OpenAI, a company specializing in AGI, has released a computational model of natural language that can generate meaningful responses to almost any input. For instance, when prompted with the instruction to write ten aphorisms in French using Bénabou's forms and nouns, GPT-3 (the current version of OpenAI's Generative Pre-trained Transformer language model) responds with the following:

1. Un temps pour aimer, un temps pour détester, un temps pour guérir.

2. La vie sans amour n'est rien ; la vie sans haine ne vaut guère mieux.

3. Il est plus aisé de supporter un ennemi que des amis.

4. La haine ne serait pas si forte si l'amour n'était pas si grand.

5. Mieux vaut un ennemi avec vérité qu'un ami avec mensonge.

6. Mieux vaut un ennemi sans haine qu'un ami sans amour.

7. Un peu de haine éloigne les amis, beaucoup les rapproche.

8. Le chemin qui va vers l'amour passe par la haine.

9. Ni l'amour ni la haine ne nous manquent, mais la vérité.

10. La haine nous délivre de l'ennemi, mais qui nous délivrera de la haine ?[66]

GPT-3 produced this output with no explicit attempt to formalize literary structure. The results from the prompt exemplify « zero-shot » training: the model was likely given no prior explicit demonstration of an aphorism (in French or any language), and yet it was able to perform the task with a high degree of accuracy.[67]

GPT has undergone an interesting process of development. The first version builds its model by processing 1 gigabyte of data from over 7,000 books using unsupervised and supervised training. Unsupervised training involves algorithms to detect patterns in data with no human intervention. There is no anticipated structure in the data other than a sequence of words. The algorithm for GPT involves 768 parameters that define the relationships between words. These parameters can be understood as abstract qualities describing various word properties, such as part of speech, gender, and verb tense, although these specific qualities are not what the parameters represent. The number of parameters is arbitrary (limited only by the physical constraints of computing resources) and the values for parameters are determined by the algorithm as it processes data. The steps the algorithm takes to determine these values are formalized precisely through a programming language, but the number of operations performed by the algorithm as it loops through its steps is difficult (if not impossible) to follow. Subsequent supervised training in GPT reviews the detected patterns in word sequences and adapts the patterns to specific tasks. As the developer notes, « [supervised learning] can require large, carefully cleaned, and expensive to create datasets to work well. »[68]

With the first version of GPT the developers observed that the model performed well on many tasks for which it did not receive supervised training. This observation led them to update the model by abandoning supervised training altogether. Using 40 gigabytes of data and an algorithm with 1.5 billion parameters,

> GPT-2 is trained with a simple objective: predict the next word, given all of the previous words within some text. The diversity of the dataset causes this simple goal to contain naturally occurring demonstrations of many tasks across diverse

domains. GPT-2 is a direct scale-up of GPT, with more than 10X the parameters and trained on more than 10X the amount of data.[69]

A significant increase in the amount of data for unsupervised training obviates the need for formalized structure in the data. Predicting what word will come next after a sequence of other words requires only a method for processing character strings, numbers, matrices, and mathematical operations, a task for which APL and USFAL are adequate.

GPT-3 (the current model, used to generate Bénabou's aphorisms) is built from 45 terabytes of textual data « scraped » from the internet using an algorithm with 175 billion parameters. Its performance exceeds that of GPT-2 with a thousand-fold increase in the size of the training set and in the number of parameters.

The development of GPT reverses Braffort's shift from USFAL to FASTL. FASTL follows a design paradigm aligned with supervised training by postulating that textual data conform to a pre-defined structural hierarchy. USFAL makes no such requirement, processing textual data with the capability of building more complex objects that do not necessarily follow a prescribed structure. The lack of any significant output from LAPAL is very likely due to FASTL's requirements for the program's input. Braffort's program for generating aphorisms, however, demonstrates that USFAL, through APL, is still a viable approach to literary formalization.

In « Raymond Queneau et l'amalgame des mathématiques et de la littérature, » François Le Lionnais ends his tribute to the co-founder of the Oulipo (who had passed away in 1976) with an unusual anecdote about a mathematical proof:

> Quelques semaines avant sa fin, je lui apportai joie et stupéfaction en lui apprenant que Wolfgang Haken et Kenneth Appel (leur démonstration ayant été améliorée par David Cohen) venaient de résoudre le « Problème des Quatre Couleurs ».[70]

As mathematicians Queneau and Le Lionnais understood the significance of the proof because it depended on computers. Since 1852 mathematicians had conjectured that given a map on a plane, only four colors were required to fill each region on the map so that no two regions sharing a common border would have the same color. They could prove that as few as five colors were required, but a proof that no more than four were needed had remained elusive. Haken and Appel solved the problem by defining an unavoidable set of configurations of countries on a map. The set is finite but quite large (around 1,500 possible configurations), and each configuration required a mechanical proof (rather than a traditional, « elegant » demonstration) that no more than four colors were needed. Haken and Appel were able to complete these proofs using 1,200 hours of time on an IBM 360 mainframe computer.

What Haken and Appel had achieved, and what OpenAI continues to develop, is an approach to completing tasks using algorithms that cannot easily (if at all) be explained axiomatically. The operations themselves are relatively simple, and formal systems of notation such as APL can define the operations without ambiguity. USFAL lends itself to an approach that begins with simple expressions but potentially leads to complex series of operations producing meaningful output. FASTL insists that textual data conform to predetermined structures in anticipation of expected output. By opting for FASTL instead of USFAL (and then relegating experimentation with computers and literature to the ALAMO), the Oulipo made a fateful and ultimately unproductive choice.

NOTES

[1] Jacques Bens, *Oulipo 1960-1963* (Paris: Christian Bourgois, 1980), 26.

[2] Oulipo, *La littérature potentielle (créations, ré-créations, recréations)* (Gallimard, 1973), 15–18 (17).

[3] *Entretiens avec Georges Charbonnier* (Gallimard, 1962), 151.

[4] « Ivresse algolique » in Oulipo, *La littérature potentielle*, 213-218.

[5] Fournel, « Ordinateur et écrivain, l'expérience du Centre Pompidou » in Oulipo, *Atlas de littérature potentielle* (Gallimard, 1981), 298-302; Braffort, « Poésie et combinatoire, » *Ibid*, 303-305.

[6] Italo Calvino, « Prose et anticombinatoire, » *Ibid*, 319–31.

[7] « U.S.F.A.L. Un système formel pour l'algorithmique littéraire, » *Ibid,* 108–36.

[8] « F.A.S.T.L. Formalismes pour l'analyse et la synthèse de textes littéraires, » in Oulipo, *Atlas de littérature potentielle*, rev. ed. (Gallimard, 1988), 108–37.

[9] « F.A.S.T.L., » 109.

[10] Valérie Beaudouin was coopted in 2003 after publishing *Mètre et rythmes du vers classique: Corneille et Racine*

(Champion, 2002), an exhaustive study of the works by these authors using a computer program (the « metrometer ») designed to identify the metrical components of any text in French. See Beaudouin and François Yvon, « The Metrometer: A Tool for Analysing French Verse, » *Literary and Linguistic Computing* (XI/1, 1996), 23–31. To my knowledge Beaudouin has not continued this research as an Oulipian.

[11] « U.S.F.A.L., » 108.

[12] « F.A.S.T.L., » 108.

[13] The use of the word *ouvroir* has been criticized by Lauren Elkin for its gendered duality, as either a workshop for « building a network of power founded on male camaraderie » or as a space where women « stripped of any power over their own lives [are] sent to be exploited. » See Elkin and Scott Esposito, *The End of Oulipo? An Attempt to Exhaust a Movement* (Zero Books, 2013), 77.

[14] « U.S.F.A.L., » 136; « F.A.S.T.L., » 136.

[15] « U.S.F.A.L., » 112; « F.A.S.T.L., » 116.

[16] « U.S.F.A.L., » 136; « F.A.S.T.L., » 136.

[17] « U.S.F.A.L., » 110; « F.A.S.T.L., » 110-111.

[18] « Ivresse algolique, » 214.

[19] « U.S.F.A.L., » 129; « F.A.S.T.L., » 129.

[20] « U.S.F.A.L., » 110; « F.A.S.T.L., » 110.

[21] Act II, scene 4.

[22] « U.S.F.A.L., » 110; « F.A.S.T.L., » 110.

[23] « U.S.F.A.L., » 136; « F.A.S.T.L., » 136.

[24] « U.S.F.A.L., » 108.

[25] *Ibid*, 109.

[26] Kenneth E. Iverson, *A Programming Language* (Wiley, 1962), 1.

[27] « U.S.F.A.L., » 115.

[28] *Ibid*, 119.

[29] *Ibid*, 124.

[30] *Ibid*, 125.

[31] Iverson, « Notation as a Tool of Thought, » in *A Source Book in APL: Papers*, ed. Adin D. Falkoff and Kenneth E. Iverson (APL Press, 1981), 105–28 (105).

[32] *Ibid*, 107.

[33] « U.S.F.A.L., » 128.

[34] In the *Atlas*, Queneau proposes a « Classification des travaux de l'Oulipo » inspired by Mendeleev's periodic table of the elements (73-77). Just as the periodic table anticipated the discovery of new elements, the Queneleyeev Table (as the classification is often named) anticipates new textual objects. Braffort's efforts to devise a computational literary formalization further develop Queneau's idea of potentiality.

[35] See « U.S.F.A.L., » 131-132. The published code contains typographical errors such as improper spacing between characters and irregular use of brackets and parentheses for line numbers. I have attempted to correct the code so that it is internally consistent, based on the other examples in USFAL. I have not tested the code on an APL interpreter. Braffort does define RIME (a prescriptum for words that rhyme) but he does not define TYPO, although it seems that TYPO ensures there are blank lines between the stanzas.

[36] *Ibid.*

[37] *La bibliothèque oulipienne*, V1 (Éditions Ramsay, 1987), 251-269.

[38] *APLX for Windows*, version 5.1.0 / 7.0 (MicroAPL Ltd., 2009).

[39] *Atlas*, 311-315.

[40] « U.S.F.A.L., » 311.

[41] « F.A.S.T.L., » 127.

[42] *Ibid*, 108.

[43] *Ibid*, 112-113.

[44] *Ibid*, 114.

[45] *Ibid*, 115.

[46] Noam Chomsky, *Syntactic Structures* (Mouton, 1957), 13.

[47] The *clinamen* is a notion developed by the Roman poet and philosopher Lucretius to describe the unpredictable swerving of atoms that allows for creative processes in nature. Georges Perec championed the *clinamen* for the Oulipo, insisting it is important to include anti-constraints within a system of constraints to foster literary invention. See Ewa Pawlikowska, « Entretien, » *Littératures* (Toulouse , France), (V7, Spring 1983), 69–77 (70). The formal structure of Perec's *La vie mode d'emploi : romans* (Hachette littérature, 1978) includes many intentional exceptions to an otherwise rigorous system.

[48] Chomsky, 15.

[49] « F.A.S.T.L., » 120.

[50] *Ibid.*

[51] Queneau offers a pure mathematical demonstration of Bourbakism applied to literary formalism (somewhat in jest) in his « Fondements de la littérature d'après David Hilbert, » published initially in the *Bibliothèque oulipienne* and then in excerpt (as a posthumous tribute) in the *Atlas*, 17-18.

[52] « Le trait commun des diverses notions désignées sous ce nom générique [de *structure mathématique*], est qu'elles s'appliquent à des ensembles d'éléments dont la nature *n'est pas spécifiée* ; pour définir une structure, on

se donne une ou plusieurs relations, où interviennent ces éléments […] ; on postule ensuite que la ou les relations données satisfont à certaines conditions (qu'on énumère) et qui sont les *axiomes* de la structure envisagée. » See Nicolas Bourbaki, « L'architecture des mathématiques : la mathématique, ou les mathématiques ? » in *Les grands courants de la pensée mathématique*, ed. François Le Lionnais (Hermann, 1948), 35–47 (40-41). The mathematician discovers these structures by postulating axioms and teasing out, through deductive reasoning, the resulting relations within sets of objects to which the axioms are applied.

[53] « F.A.S.T.L., » 124.

[54] « *La Disparition* de Georges Perec raconte la disparition du « e » […] Le *théorème de Zeckendorff* qui dit que tout entier a une décomposition en somme de nombres de Fibonacci est le principe organisateur des *Hypertropes* (P.B.). » See *Atlas,* 90.

[55] « F.A.S.T.L., » 125.

[56] Jacques Roubaud, *Description du projet* (Nous, 2014), 90.

[57] « F.A.S.T.L., » 122.

[58] *Ibid*, 125.

[59] *Ibid*, 126.

[60] *Ibid*, 127.

[61] *Ibid*, 127-128.

[62] Paul Braffort, « Le projet LAPAL: introduction et idćes générales, » *Action poétique* (V95, 1984), 51–55 (53).

[63] « F.A.S.T.L., » 133.

[64] According to Donald Knuth, an algorithm is « a finite set of rules that gives a sequence of operations for solving a specific type of problem ». See Knuth, *Fundamental Algorithms*, 3rd ed, V1 of *The Art of Computer Programming* (Addison-Wesley, 1997), 4.

[65] In *The Oulipo's Mathematical Project (1960-2014)* (Princeton University, 2018), Natalie Berkman reports that her attempts to use a web-based version of LAPAL produced no meaningful output (222-223).

[66] See Appendix 2 for the complete prompt to GPT-3.

[67] Tom B. Brown et al., *Language Models Are Few-Shot Learners*, (arXiv:2005.14165, 22 July 2020), 8.

[68] Alec Radford, « Improving Language Understanding with Unsupervised Learning » (*OpenAI*, 11 June 2018), https://openai.com/blog/language-unsupervised/.

[69] Alec Radford et al., « Better Language Models and Their Implications » (*OpenAI*, 14 Feb. 2019), https://openai.com/blog/better-language-models/.

[70] *Atlas*, 41.

```
APLX Session 1: AtlasAphorismes

        MMOT, MGEM
AMOUR         0 1
ANGOISSE      1 1
ECRITURE      1 1
ENFANCE       1 1
EXIL          0 1
MORT          1 0
NEGATION      1 0
POEME         0 0
MEMOIRE       1 0
MYTHE         0 0
TEMPS         0 0
MATIERE       1 0
OUBLI         0 1
SILENCE       0 0
ESPACE        0 1
NATURE        1 0
MESURE        1 0
CORPS         0 0
AVENIR        0 1
GOUT          0 0
PLAISIR       0 0
FIN           1 0
PERFECTION    1 0
RYTHME        0 0
SENTIMENT     0 0
FORME         1 0
SCIENCE       1 0
LIBERTE       1 0
PRESENT       0 0
PASSE         0 0
HORREUR       1 1
VOLUPTE       1 0
MYSTERE       0 0
HARMONIE      1 1
CONFLIT       0 0
ODEUR         1 1
PARFUM        0 0
MALADIE       1 0
BONHEUR       0 0
BEAUTE        1 0
RAISON        1 0
OBSTACLE      0 1
GUERRE        1 0
POLITIQUE     1 0
IGNORANCE     1 1
DEGOUT        0 0

Page 1
```

APLX64 Session 3: Aphorismes2021 — □ ×

File Edit Debug Tools Window Help

```
      APHOR
VOUS ALLEZ DECOUVRIR DES APHORISMES QUI VOUS SONT PROPRES



INDIQUEZ VOTRE PRENOM ET VOTRE NOM
PAUL BRAFFORT




LES APHORISMES DE PAUL BRAFFORT



CORPS EST A AVENIR CE QU'AVENIR EST A GOUT
UN TEMPS POUR L'ENFANCE , UN TEMPS POUR LA MORT , UN TEMPS POUR L'ENFANCE DE LA
      MORT
ON RENONCE PLUS AISEMENT AU SENTIMENT QU'A LA LIBERTE
IL Y A DE LA MESURE DANS LE PLAISIR MAIS JAMAIS DANS LE SENTIMENT
LE MYSTERE EST LA CONTINUATION DE LA MALADIE PAR D'AUTRES MOYENS
MEMOIRE SANS ESPACE N'EST RIEN ; ESPACE SANS MEMOIRE NE VAUT GUERE MIEUX
LE BONHEUR EST DANS LA FORME , NON DANS LE MYSTERE
UN TEMPS POUR LE MYTHE , UN TEMPS POUR LE CORPS , UN TEMPS POUR LE MYTHE DU CORP
      S
MIEUX VAUT NATURE SANS SENTIMENT QU'HARMONIE SANS GUERRE
MIEUX VAUT MESURE SANS SCIENCE QUE PARFUM SANS PATIENCE
SCIENCE DOIT DEVENIR MALADIE COMME HAINE DOIT DEVENIR MYTHE
LE BONHEUR EST DANS L'HORREUR , NON DANS LA GUERRE
RIEN NE PLAIT TANT A L'HARMONIE QUE LA PATIENCE



G.A.I. PROGRAMMAVIT IN APL\PR1ME
D'APRES UNE IDEE DE MARCEL BENABOU



JOURNEES AFCET A P L 1979
```

KB: Std APL

Appendix 2: GPT-3 example

[Prompt]
Write 10 aphorisms in French using any of these forms:
UN TEMPS POUR _ , UN TEMPS POUR _ , UN
TEMPS POUR _
_ SANS _ N' EST RIEN ; _ SANS _ NE VAUT GUERE
MIEUX
IL EST PLUS AISE DE SUPPORTER _ QUE _
_ NE SERAIT PAS _ N' ETAIT PAS _
MIEUX VAUT _ AVEC _ QUE _ AVEC _
MIEUX VAUT _ SANS _ QUE _ SANS _
UN PEU DE _ ELOIGNE _ , BEAUCOUP EN
RAPPROCHE
LE CHEMIN QUI VA VERS _ PASSE PAR _
NI _ NI _ NE NOUS MANQUENT, MAIS _
_ DELIVRE DE _ , MAIS QUI NOUS DELIVRERA DE
_ ON N' EVITE _ QUE POUR TOMBER DANS _
IL Y A _ DANS _ MAIS JAMAIS DANS _
IL N' Y A PAS DE _ LA OU IL N' Y A PAS DE _
DERRIERE _ IL N' Y A SOUVENT QUE _
_ DOIT DEVENIR _ COMME _ DOIT DEVENIR _
_ EST A _ CE QUE _ EST A _

IL N' Y A PAS MOINS DE _ DANS _ QUE DE _
DANS _
LE BONHEUR EST DANS _ , NON DANS _
_ SANS _ N' EST QUE _ SANS _
RIEN NE PLAIT TANT _ QUE _
ON RENONCE PLUS AISEMENT _ QU' _
CE QUI VIENT PAR _ S' EN VA PAR _
A QUOI BON _ DEVANT _
_ EST _ VISIBLE
_ C' EST _
_ EST _ POUR DISSIMULER _
_ EST LA CONTINUATION _ PAR D' AUTRES
MOYENS
LA HAINE _ N' EST AUTRE QUE L' AMOUR _
QUAND _ NOUS QUITTE, C' EST QUE _ N' EST PAS
LOIN

and any of the following words:
AMOUR
ANGOISSE
ECRITURE
ENFANCE
EXIL
MORT

NEGATION

POEME

MEMOIRE

MYTHE

TEMPS

MATIERE

OUBLI

SILENCE

ESPACE

NATURE

MESURE

CORPS

AVENIR

GOUT

PLAISIR

FIN

PERFECTION

RYTHME

SENTIMENT

FORME

SCIENCE

LIBERTE

PRESENT

PASSE

HORREUR

VOLUPTE

MYSTERE

HARMONIE

CONFLIT

ODEUR

PARFUM

MALADIE

BONHEUR

BEAUTE

RAISON

OBSTACLE

GUERRE

POLITIQUE

IGNORANCE

DEGOUT

PATIENCE

POUVOIR

HAINE

LAIDEUR

[Response]

1. Un temps pour aimer, un temps pour détester, un temps pour guérir.

2. La vie sans amour n'est rien ; la vie sans haine ne vaut guère mieux.

3. Il est plus aisé de supporter un ennemi que des amis.

4. La haine ne serait pas si forte si l'amour n'était pas si grand.

5. Mieux vaut un ennemi avec vérité qu'un ami avec mensonge.

6. Mieux vaut un ennemi sans haine qu'un ami sans amour.

7. Un peu de haine éloigne les amis, beaucoup les rapproche.

8. Le chemin qui va vers l'amour passe par la haine.

9. Ni l'amour ni la haine ne nous manquent, mais la vérité.

10. La haine nous délivre de l'ennemi, mais qui nous délivrera de la haine ?

Natalie Berkman
ESSEC Business School

A Theory of Arborescent Literature: Raymond Queneau's *Un conte à votre façon* (1967) and *Detroit: Become Human* (2018)

In Raymond Queneau's *Un conte à votre façon* (1967), this cofounder of the OuLiPo (Ouvroir de Littérature Potentielle) applies algorithmic thought to literature, producing a tale in which the reader is presented with choices, one that can thereby be represented as a flowchart. While one might think that such a pioneering example of the choose-your-own adventure story would enthusiastically demonstrate the potential of computing power to literature, Queneau's work promises a choice and then actively forbids the reader any real liberty. Queneau's subversive flowchart narrative paved the way for a genre in its own right, which I will refer to as arborescent literature.[1]

This genre has spread across media: from choose-your-own adventure stories to electronic literature and even to video games and film (think of Black Mirror's recent Netflix movie, *Bandersnatch*). Arguably, video games represent the most complex and successful form of this genre, with Quantic Dream's *Detroit: Become Human* (2018) the most ambitious example. With 85 possible endings and 35 individual flowcharts that determine the overall story, the player of *Detroit* is the opposite of Queneau's reader — overwhelmed with the bifurcating options and the impact of his and her choices on the story being told.

We all want to believe that we have choices and that those choices matter, which is why this genre of arborescent fiction is becoming more and more common. As Carlen Lavigne notes: "In academic analysis of such gameplay scenarios, questions of player agency are often paramount. Such agency is always a mirage; even the most narratively complex game restricts player choice by dint of its own programming limitations…" (16).[2] While this is demonstrably true, the increasing popularity of this genre begs the question of why do readers, players, and viewers alike enjoy making prefabricated decisions when they can easily determine that they are not in control? This article aims to deduce a theory for how to analyze this unique genre through three primary features: the tutorial, the flowchart, and the choice mechanism. By applying these features to analyze Queneau's original arborescent tale and this recent video game example, we will see that it is not the choice itself that matters (indeed, it does not), but the artifice that convinces the reader to take that choice seriously.

Raymond Queneau, *Un conte à votre façon* (1967)

The Oulipo, an experimental literary collective founded in Paris in 1960, developed an initial mathematical project that insisted on approaching literature logically, inventing specific rules — constraints — to follow during the composition of a text.[3] Given the timing of this experimental group coincided with critical stages in the development of modern-day computing, the early Oulipo members were both inspired by and experimented with early computers. Queneau's quintessential and first Oulipian text, *Cent mille milliards de poèmes* (1961), is a first example, drawing on computers' combinatorial skills to produce an exponential number of poems from a prefabricated set of verses.

Queneau published *Un conte à votre façon* in 1967, just two years after the delayed French translation of Propp's *Morphology of the Folktale* (1928).[4] Queneau's use of the word "conte" (the word used for *Folktale* in the French translation of Propp's work) indicates a commentary on this key text of Russian formalism, whose translation in France was making the rounds decades after the fact, but of which the theories espoused were quite popular, inspiring commentaries and critiques by structuralist philosophers such as Claude Lévi-Strauss as well as semiological studies, such as those by Claude Brémond. In the original Russian text, Propp defines a specific type of Russian folktale that was primarily an oral form, which was then translated into French as "conte merveilleux," described in the following language:

> La constance de la structure des contes merveilleux permet d'en donner une *définition* hypothétique, que l'on peut formuler de la façon suivante : le conte merveilleux est un récit construit selon la succession régulière des fonctions citées dans leurs différentes formes, avec absence de certaines d'entre elles dans tel récit, et répétitions de certaines dans tel autre (122).

While Propp's work seems scientific, the sequences he describes do not imply as strict an order as an algorithm requires. He divides his 31 functions into three main groups: a preparatory sequence (functions 1-7); a first sequence of actions (functions 8-18); and a second sequence (functions 19-31). While Propp insists that these 31 functions *always* follow the same order, all of them do not necessarily appear in any individual tale.

While not the first example of interactive fiction (indeed, this is Doris Webster's 1930 *Consider the Consequences*),[5] Queneau's *Un conte à votre façon* is one of the earliest examples of the choose-your-own-adventure story genre, and the first that can be represented as a literal flowchart.[6] It therefore has wide reaching implications for both the composition and analysis of other arborescent narratives. It also holds a privileged position within Oulipo's corpus, as it was one of the few texts that were not only inspired by computers, but also programmed on computers in an experiment with the Centre Pompidou in the 1970's.

Tutorial

Queneau's algorithmic tale plays with Propp's basic idea that stories can be broken down into their constituent parts, as the text takes the form of a numbered list of potential elements. Beyond the use of the word *conte* in the title, *à votre façon*, refers to a potential reader, who can compose this story as he or she sees fit. However, Queneau's tale is structurally very different from Propp's study, in that its sequence of possible paths creates a literal algorithm, defining a strict series of events from which any deviation on the part of the reader is impossible.

The reader of Queneau's tale, who must choose from the pre-fabricated elements provided by the author, requires training, especially when you consider any reader in 1967 would not have been familiar with the genre. Queneau provides a sort of implicit training in the first three choices, which I consider a kind of *tutorial*. Initially he gives the reader a choice between the story of three little peas, three big skinny beanpoles, or three average mediocre bushes, any of which can ostensibly be read by means of a step-by-step procedure, a literal algorithm:

1-Désirez-vous connaître l'histoire des trois alertes petits pois ?

Si oui, passez à 4.

Si non, passez à 2.

2-Préférez-vous celle des trois minces grands échalas ?

Si oui, passez à 16.

Si non, passez à 3.

3-Préférez-vous celle des trois moyens médiocres arbustes ?

Si oui, passez à 17.

Si non, passez à 21.[7]

As with algorithms, the choices in Queneau's text are all binary oppositions, providing mutually exclusive alternatives so as not to be contradictory. In other words, either the reader chooses to read the tale of the three peas or does not. Should the reader prefer not to read this first option, opting instead for the beanpoles or the bushes, they will find that the two alternatives offer meager results:

16-Trois grands échalas les regardaient faire.

Si les trois grands échalas vous déplaisent, passez à 21.

S'ils vous conviennent, passez à 18.

17-Trois moyens médiocres arbustes les regardaient faire.

Si les trois moyens médiocres arbustes vous déplaisent,

passez à 21.

S'ils vous conviennent, passez à 18.

Grammatically speaking, these false paths are cleverly constructed — by using the plural direct object "les," Queneau allows the node to have indefinite antecedents of any type or gender. Should the reader arrive at this node after following a more complete path through the algorithm, he or she will realize that "les" refers to the little peas. However, arriving at this node immediately after the *incipit* creates an insurmountable interpretive challenge for the reader: either the beanpoles or bushes watch *them* do *it*. *Who* are they watching and *what* are they doing? These questions can only be answered by paths the story did not take. Alternatively, should the reader refuse all three initial options, the program terminates after only three nodes with the problematic statement: "21-Dans ce cas, le conte est également terminé." To what, in this case, could the "également" refer? In order to find out, the reader must forsake the logic of the flowchart and look at the preceding choice 20: "Il n'y a pas de suite, le conte est terminé" (273-4). By referring to other choices within individual nodes that are unconnected in any scenario (it is impossible to have both 20 and 21 if one follows the algorithm), Queneau uses a traditional, linear mode of reading to disrupt his algorithmic structure. Furthermore, these preliminary disruptions indicate to the reader that there is only one "real" story to read, and that the reader must cooperate if he or she does not wish to arrive at unsatisfying dead ends and contradictory conclusions.

This tutorial demonstrates very effectively to the reader that he or she (they) needs to cooperate with the author in order to read this story, regardless of the fact that the reader ostensibly has a choice. Indeed, the reader can finish the tutorial and the story itself with only three choices if he or she refuses to comply with the author in choosing the story that Queneau clearly wants to tell.

Flowchart

Queneau made the algorithmic nature of this text explicit in an introductory note: "*Ce texte…s'inspire de la présentation des instructions destinées aux ordinateurs ou bien encore de l'enseignement programmé. C'est une structure analogue à la littérature « en arbre » proposée par F. Le Lionnais à la 79e réunion*" (273). Computers depend on algorithms: a logical division of a problem into its constituent parts and reduced to binary choices that are also mutually exclusive. In its most trivial form, an algorithm is just a linear sequence of actions, but more complex problems require the conditional future. In computer science, a conditional statement depends upon an if/then construct: should the condition following the "if" (which must be Boolean, meaning it is either true or false) hold, the action following the "then" is executed; otherwise, the program searches for another branch (generally designated as "else"). By way of conditional statements, an algorithm increases in complexity from a simple sequence of steps to a diagram with iterations known as a flowchart, where each *node* (step in the procedure) has two binary, mutually exclusive paths, or *edges* (the alternatives). As Ryan explains, "The formal characteristic of an arborescent graph is that it allows no circuits. Once a branch has been taken, there is no possible return to the decision point, and there is only one way to reach a given terminal node" (687).[8]

The study of these and other graphs belongs to the mathematical subfield of graph theory, which has notable intersections with the Oulipo. Indeed, one of the founding members of the group, mathematician Claude Berge, greatly contributed to this field later in his career and seems to have inspired a parallel interest for graphs among members of the Oulipo, including Raymond Queneau.[9]

If Queneau chose to write commands for the reader in an algorithmic form borrowed from computer programming, then the resulting bifurcations in the text complicate Queneau's graphical representation of the tale, first published in *La Littérature Potentielle* in an article by Claude Berge.[10]

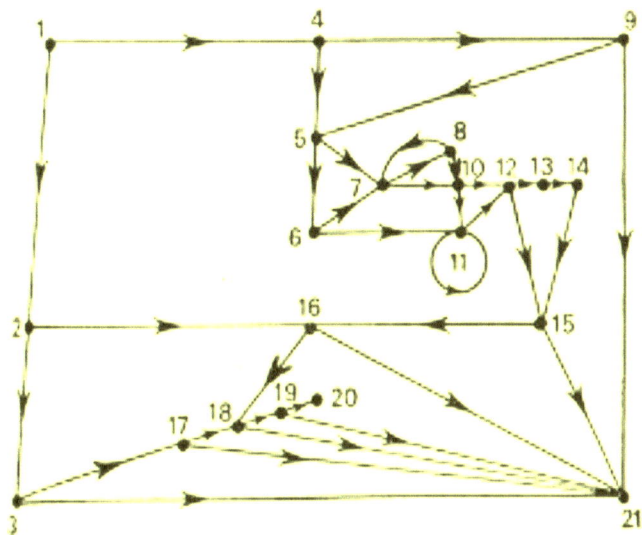

[FIGURE 1] Claude Berge's graphical representation of Raymond Queneau's *Un conte à votre façon*, taken from *La Littérature Potentielle*.

According to Berge, this graph represents "...une imbrication de circuits, chemins convergeants, etc..., dont on pourrait analyser les propriétés en termes de la Théorie des Graphes..." (277). As one of the foremost leading experts in graph theory, Berge knew quite well that this graph could be depicted in a number of ways. Given that a graph is simply a combination of nodes and edges, there are many equivalent layouts of this flowchart, for instance, the following one created by another Oulipian and fellow mathematician, Michèle Audin.

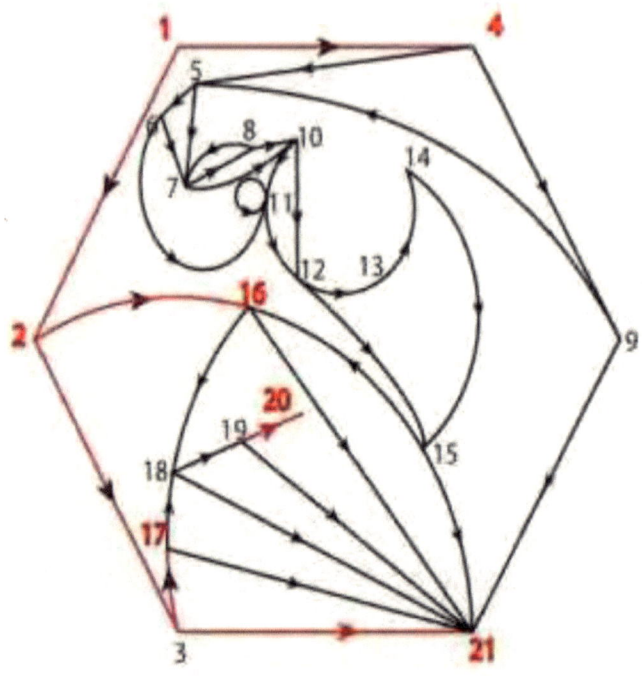

[FIGURE 2]   Michèle Audin's graphical representation of Raymond Queneau's *Un conte à votre façon*.[11]

While Audin's graph is very economical in its layout, Berge's graph is exceptional for several reasons. First, Propp's study provides the foundation for understanding the *conte* genre as combinatorial rearrangements of basic elements that always follow a basic sequence. The spatial aspect of Queneau's graph therefore distinguishes what Queneau is doing from Propp's style of thinking about narrative structure by emphasizing a strict order. Second, the layout of Queneau's graph is aesthetically rich. Berge's graph visualizes a literal frame, composed of the first three options on the left edge (1, 2, and 3, the choice between the peas, beanpoles, and shrubs), just as "once upon a time" might begin an ordinary *conte* at the top left corner of the first page. Choices 4 and 9 on the top edge of the frame represent an initial description of the peas (the reader has two options here), and choice 21 at the bottom, right corner is one of the two endings, the one containing "également." It is visible from the graph that this ending always results from a case of uncooperativeness on the part of the reader. As long as the reader in the final options (17, 18, 19) chooses to read "la suite," he or she will arrive at the "proper" ending node, number 20 (which is literally within the frame of the story in both Berge's and Audin's graphs).

   Once again, mathematically speaking, any graph with these same nodes and edges is equivalent to Berge's. However, this initial graphical representation of *Un conte à votre façon* is constructed to mirror the story itself: one can remain on the edges, musing over inconsequential details and eventually finishing without reading about the three little peas; or one can follow the path Queneau has set out, providing a few bifurcations, but ultimately resulting in the same story and ending. The flowchart makes clear that the choice promised to the reader in the title is an illusion, as Queneau maintains full control of the text through the structure he created. In this nascent genre of arborescent literature, we can see that both of these flowcharts provide — but especially Berge's, which was published the same year in the same volume as Queneau's tale and is therefore a critical intertext that was likely intended to guide the reader — an additional analytical mechanism by which to understand the reader's choice.

Choice Mechanism

As we have seen, Queneau's *Un conte à votre façon* consists of an algorithmic set of binary choices written out on the page, with three introductory nodes that serve as a *tutorial* for the reader. Furthermore, the explicitness of these choices and the multiple bifurcating options leads to the possibility of representing this story graphically as a *flowchart*. Theoretically speaking, Queneau is playing with both one of Russian formalism's canonical texts, Vladimir Propp's *Morphologie du conte* as well as with the basic functioning of computers. However, the tale is relatively meager and the narrative often contradicts the logic of the binary choices provided should one faithfully follow the procedure.

As we saw with the tutorial, Queneau presents part of the story in the *node* which gives way to two *edges*, or choices. The reader exercises his or her choice through this *choice mechanism*, reading the prompt provided by the author and determining which option seems more enticing. However, when we look at the first "real" choice the reader makes (following the *tutorial* addressed above), we can see that the choice here only concerns the description of the protagonists, rather than any plot element:

> 4-Il y avait une fois trois petits pois vêtus de vert qui dormaient gentiment dans leur cosse. Leur visage bien rond respirait par les trous de leurs narines et l'on entendait leur ronflement doux et harmonieux.

> Si vous préférez une autre description, passez à 9.
>
> Si celle-ci vous convient, passez à 5 (273-4).

From what the reader learned during the *tutorial*, we see immediately that choosing a different description is not necessarily the right option, as it is not the next number in a linear sequence. Once chosen, the reader is confronted with a new description and yet another choice, which here leads either back to the original choice n°5 to continue Queneau's story or to the infamous false ending, choice 21:

> 9-Il y avait une fois trois petits pois qui roulaient leur bosse sur les grands chemins.
> Le soir venu, fatigués et las, ils s'endormirent très rapidement.
>
> Si vous désirez connaître la suite, passez à 5.
>
> Si non, passez à 21 (273-4).

Given the lessons learned from the *tutorial* and the *flowchart*, this *choice mechanism* is therefore unsurprisingly underwhelming. Throughout the text, the reader is constantly reminded of the superficiality of his or her choice. The first few choices offered to the reader determine mere descriptive aspects of the story — whether the peas dream, what color gloves they wear, and whether they roll around on a highway before turning in for the night. For Hélène Campaignolle-Catel, this indicates the extent to which Queneau is respecting Russian formalism: "Le *Conte à votre façon* obéit ici à la logique décrite par Cl. Brémond à propos du conte russe : les alternatives proposées, les déviations possibles sont des leurres…".[12] I would argue, however, that Queneau is not respecting Russian formalism, but rather playing with these principles. In a traditional *conte*, proposed alternatives may be decoys, but there is still an overarching narrative that forces the reader to imagine alternatives. The majority of Queneau's alternatives are offered to the reader in an effort to deny him or her the autonomy promised by the title: both the pointless alternatives and the unsatisfying dead ends indicate that there is only one story to read.

In one case, for instance, the text's playfulness surrounding alternatives creates an *interpretative glitch*. In node 5, the narrator describes the peas in their slumber: "Ils ne rêvaient pas. Ces petits êtres en effet ne rêvent jamais." Queneau then gives the reader a choice: either the reader would prefer that the peas dream, or not. Should the reader choose the latter, he or she has to read an explanation and interpretation of the dream anyway. In this scenario, a reader could read the sentence "Ils ne rêvaient pas" and the story of the dream they were having in the same story. This contradictory narrative, as with the "les regardaient faire" node is an impediment to interpretation, rather than a "glitch" in the strict sense of the word (the algorithm functions as expected, regardless of the continuity of the story). Within this story of the dream, one node even encourages the reader to leave the story and look up a word in order to understand why the peas awaken so frightened:

> 11-Ils rêvaient qu'ils allaient chercher leur soupe à la cantine populaire et qu'en ouvrant leur gamelle, ils découvraient que c'était de la soupe d'ers. D'horreur, ils s'éveillent.

> Si vous voulez savoir pourquoi ils s'éveillent d'horreur, consulter le Larousse au mot « ers » et n'en parlons plus.

Si vous jugez inutile d'approfondir
la question, passez à 12 (275).

Irrespective of the path the reader takes, there is only one "real" story. There are even two choices that are not even choices at all: node 13 asks the reader if he or she wishes to know how long one brother has been analyzing dreams, and the alternative option is "si non, passez à 14 tout de même, car vous ne le saurez pas plus." The following node promises the analysis of the dream, but the alternative proposition affirms: "si non, passez également à 15, car vous ne verrez rien."

In short, this *conte* is not at all *à notre façon*. The reader must read a certain subsection of the story as Queneau wrote it and in reality has very little freedom compared to what was promised in the title. Campaignolle-Catel notes: "Le texte façonné porte ainsi les traces d'une confection défectueuse où les chemins s'appellent les uns les autres dans une cacophonie plaisante. L'ensemble des choix offerts par la structure du *Conte* figure une arborescence autant lacunaire que parodique."[11] While it lacks any and all of Propp's functions, Queneau's text has been reduced to its bare elements and presented in a way that implies a certain freedom but does not deliver. The true pleasure in this text comes from the realization that the system, while possible to program on a computer, is fundamentally incompatible with such a design.

Detroit: Become Human

Years after Queneau's first attempt at arborescent literature, we now have examples of this genre across media. Arguably, the most complex can be found in video games, and more specifically, those produced by the French studio, Quantic Dream. Founded by David Cage in 1997 and based in Paris and Montréal, this innovative video game developer specializes in AAA games that push the boundaries of arborescent narratives, such as: *Fahrenheit - Indigo Prophecy* (2005), *Heavy Rain* (2010), *Beyond: Two Souls* (2013) and finally *Detroit: Become Human* (2018). Specifically narrativizing choice, they describe their scriptwriting in the following terms: "Nous aimons raconter des histoires dont les joueurs sont les héros, les surprendre, les interroger sur leurs sentiments et leurs valeurs, les confronter aux conséquences de leurs choix."[13]

Detroit: Become Human[14] is certainly the most complex of all, telling an epic story of a futuristic Detroit in which androids gain consciousness and rebel against their human makers. The player experiences this story by playing as three separate androids: Connor, a police android who is investigating the androids that have deviated from their program; Kara, a housekeeper android who, in attempting to protect the daughter of her abusive owner, becomes a deviant and aims to escape to Canada with the little girl; and Markus, a caretaker android who gains consciousness following the death of his owner and leads the rebellion. Alternating between these three characters, the gameplay presents the player with choices that manifest in different forms (quicktime events, buttons to press, places to go, etc.) and right from the tutorial, the importance of these choices cannot be overstated. Indeed, just like Queneau's *Un conte à votre façon*, each individual level of *Detroit* can be depicted as a flowchart with multiple forking options, though unlike Queneau's two different endings, every level in *Detroit* can end in multiple ways, leading to 85 possible endings to the overall plot. These flowcharts are not simply paratextual, as Queneau's, but an integral part of the gameplay. Indeed, the flowcharts can be consulted during each level and as the player plays and replays each level, the different options become visible.

Through its tutorial (which first introduces the importance of choice to the gameplay), its interactive and comprehensive flowcharts, and multiple-choice mechanisms, *Detroit* breaks the boundaries of what was possible in arborescent fiction. While Queneau quickly realized that his finite tale could never provide a proper choice for the reader, his text ultimately worked to convince the reader of his or her lack of options; *Detroit*, however, manages to convince its player that choices matter and that certain decisions can indeed change the outcome of the plot. While everything in both examples is prefabricated in advance by an author, *Detroit* is innovative in the way it provides the player with this feeling of freedom within the mathematical confines of the algorithmic constraint.

Tutorial

The tutorial of *Detroit: Become Human* begins with a cut scene that can be interpreted on a metaphorical level. During a long elevator ride, a character flips a coin so skillfully that the player quickly realizes that he cannot be human. At the end of this sequence, this android catches the quarter between two fingers in an inhuman display of motor skills, with the word "LIBERTY" clearly visible.

[FIGURE 3] Screenshot of the first cut scene in *Detroit: Become Human*.

Of course, the symbolic importance of an android flipping a coin and the ironic use of the word "liberty" is clear: this character turns out to be one of the three avatars, Connor, and through manipulating him, the human player must make choices that will determine events in the storyline.

In this tutorial, the player becomes acquainted with the choice mechanisms that I will discuss below all in the context of a police investigation. Upon arriving at the scene, Connor learns that an android has deviated from his programming and is holding a little girl hostage. With a limited amount of time, the player must collect information about the case by examining the scene, speaking with those present, and eventually confront the deviant. This tutorial teaches the player how to interact with the game's environment, which is the main mechanism for making choices in the game. As McKenzie Wark explains in *Gamer Theory*, "Gamespace turns descriptions into database, and storyline into navigation" (50).[15] *Detroit* is no exception, as the player must learn to seek out information from the environment, which is then analyzed by the android characters. In this sense, navigation and exploration determine the storyline and a player who interacts with more of the environment will inevitably have a richer experience.

[FIGURE 4] Screenshot from the first level (tutorial) of *Detroit: Become Human*, in which the player learns to interact with the gaming environment.

Within this introduction, the player is also introduced to the consequences of poor choices. For instance, upon discovering certain key clues or finding an item that can be used in a critical moment later in the episode, the probability of success for the mission appear on the screen (see Figure 5 below) and can either be raised or lowered depending on the choice the player made. In my playthrough of this episode, for instance, I made an early choice that immediately lowered the chance of success. This prompted me to play more conservatively throughout the rest of the level so I could save the little girl from the deviant android.

Often, these dialogues or actions that the player can unlock pose ethical questions for the gameplay. In this tutorial, the player can learn the android's name and then choose to use it when confronting him at the end of the episode. This creates trust between Connor and the perpetrator, allowing Connor to get closer to him and the girl. Another option presents itself when Connor finds one of the victim's guns and has the choice to take it or leave it. If he takes it, he can use it at the end of the level to shoot the deviant android, saving the girl. Ethically speaking, this raises a lot of questions, because the character is himself an android.

When I played through, I both used the deviant's name to establish a rapport and then shot him with the gun, perhaps still nervous about my probability of success. I certainly did not want to watch the little girl fall to her death from the top of the skyscraper. The player must wonder, as I did, is there a way to complete this level in an ethical way? Playing as an android made me uncomfortable with the thought of making another android — even a deviant one — false promises and then ultimately murdering him.

[FIGURE 5] Screenshot from the first level (tutorial) of *Detroit: Become Human*, in which the player raises his chances of a successful mission through his or her choices.

Thankfully, at the end of this first level, the player is confronted with his or her own choices as well as the various paths he or she did not take in the form of a flowchart. The computer reads through the flowchart, highlighting the player's choices throughout the completed episode, moving from left to right as in a book. These flowcharts are the next object of study for us, as they demonstrate the sheer magnitude of options within this video game.

Flowchart

Detroit: Become Human distinguishes itself in many ways from its competitors in the realm of arborescent narratives, but particularly through its use of flowcharts. According to David Cage himself, the use of these flowcharts — while complicated to implement — allows the players to understand the impact of their choices:

> Nous avons également décidé de représenter l'arborescence de choix possible à la fin de chaque scène. Au début, j'étais vraiment réticent à l'idée d'implémenter cette fonctionnalité, mais nous avons constaté que ce choix était incroyablement populaire chez les joueurs car la plupart avaient apprécié leur façon de jouer une scène et pensaient avoir fait les meilleurs choix possibles. Et puis, ils voient l'arborescence et se rendent compte de toutes les

ramifications qu'ils n'ont pas pu explorer, ce qui leur donne envie de rejouer chaque scène afin de voir chaque branche. Pour moi, un des secrets [pour proposer des choix intéressants au joueur] est de s'assurer que ce dernier a conscience des moments où il effectue des choix et de la profondeur que ses décisions impliquent (198-9).

Indeed, if we return to the tutorial, the presentation of the flowchart (see Figure 6 below) upon completion does indeed entice the player to replay the level. Reading the flowchart from left to right as intended, the player's choices are highlighted. At around the 25% mark, we see that the square of options are the different clues that the player could have discovered when exploring the crime scene. Certain choices, such as keeping the gun, are presented with a lock icon, indicating that making such a decision unlocks new options later in the level.

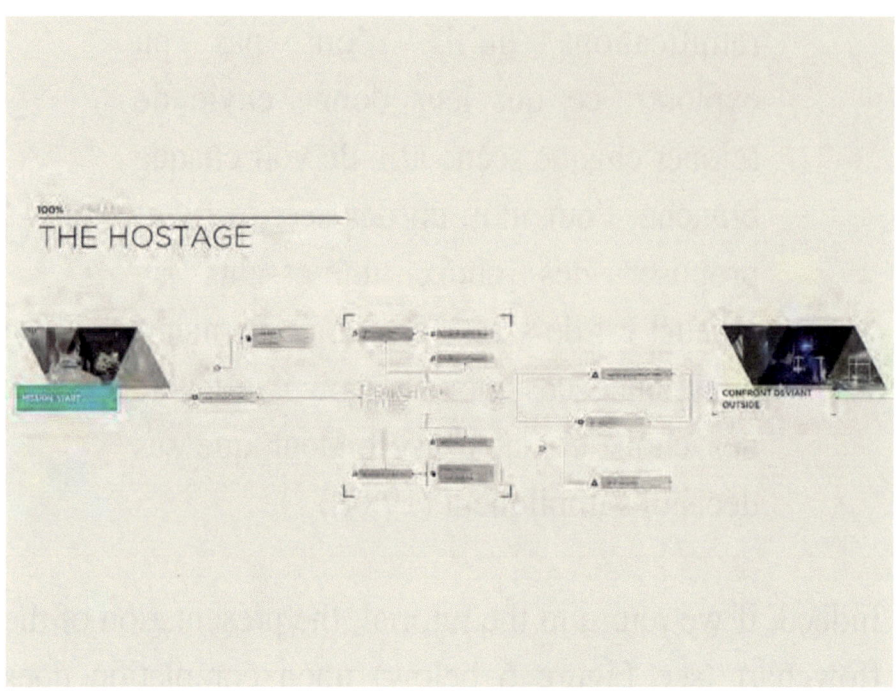

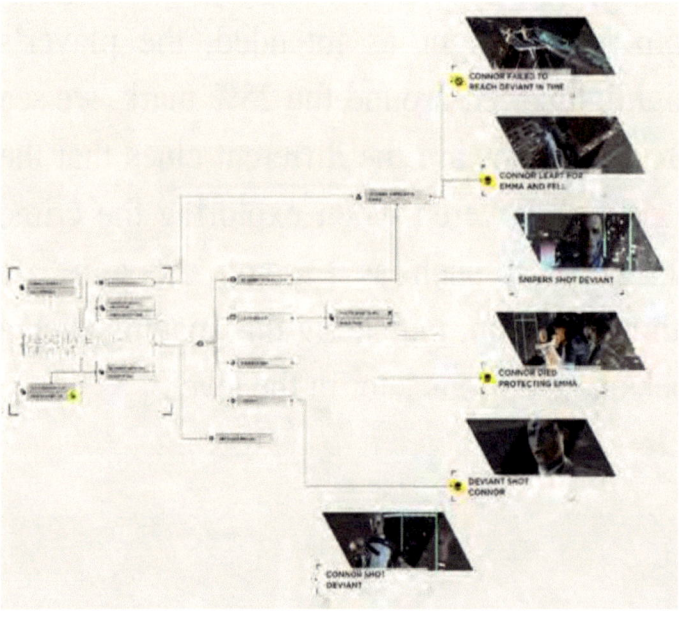

[FIGURE 6] Screenshot of the flowchart for the first chapter of *Detroit: Become Human.*

Perhaps the most compelling part of this flowchart is the fact that there are six possible endings to this level alone, some of which result in Conor's death or in his failing this first crucial mission. Bear in mind that, upon a first completion of this level, only the choices and ending resulting from this initial playthrough would be visible, but the form of the flowchart would still indicate that there are other endings to discover. As such, this game is any perfectionist's nightmare — it is more than enticing to replay every level in order to complete the flowchart. Furthermore, the more one advances through the game, the clearer it becomes that the endings one achieves in individual levels then changes the subsequent levels, making the overall story feel almost limitless in terms of playable hours.

Another interesting feature of these flowcharts is that it is possible to consult the global statistics regarding choices and outcomes if your PlayStation 4 is connected to the Internet (this also shares your data). These percentages on each option are compelling for any player who is concerned about the quality of his or her own choices and allow such a player to compare his or her own narrative choices with those of other players.

While Queneau's flowchart served to demonstrate the limits of his story (regardless of whether it was represented by Berge or by Audin), the flowcharts for *Detroit* demonstrate a tendency towards exhaustivity as they are constructed in part by the player, who gains access to them little by little through multiple replays. While they are less aesthetic than those we saw for Queneau, read simply from left to right, the complexity is much more advanced. Indeed, the flowcharts demonstrate that the entire story is predetermined by the developer, but also indicate the considerable amount of freedom that the player has in choosing his or her own adventure. Indeed, the reader's/player's freedom in an arborescent narrative — precisely due to the fact that it can be portrayed as a flowchart — can be calculated using combinatorics and the probability of any given path through the narrative can equally be determined mathematically.

Choice Mechanism

More interesting perhaps than the multiple storylines presented in the flowcharts are the mechanisms by which this game operates, each demonstrating the importance of choice. The gameplay is often self-paced, allowing the player to literally freeze time and examine his or her choices, which are accessible via a "choice scan" screen that mimics a computer's ability to visualize multiple options at once. As you can see in Figure 7 below, this screen shows your objectives and interactions, but also indicates where you should head to learn more. As you can see from the screenshot, there is a character highlighted in yellow in another room. This is how the player knows that Connor should investigate further on.

This choice screen is enticing for the perfectionist player and also metaphorically rich given the thematic material of the game. Indeed, the player is playing as three separate androids who, unlike humans, have the ability to interact with the bifurcating choices in a different way than humans. While a human character would find him or herself (themselves) trapped within a flowchart, only being able to understand the story from a limited perspective, androids are computers and can perform calculations instantaneously. This is why much of the actions in the game require slowing down, analyzing, and contemplating various options. Indeed, the gameplay further thematizes the choice mechanism, convincing the player even further of his or her privileged position and especially of the importance of his or her decisions.

THIS SHOWS YOUR OBJECTIVES AND INTERACTIONS

[FIGURE 7] Screenshot of the choice scan screen during the first chapter of *Detroit: Become Human.*

In addition to this scanning option that can be accessed at almost any point, more timely standard choice options occur in the form of a button to press or by physically displacing the character, and certain Quick Time Events (QTE). Referring again to Figure 5, the standard choice options are often accompanied by a change in the probability of success, which, unlike the time-freezing mechanism, adds a sense of urgency to the gameplay.

While the player has sufficient time to make these choices, understanding their immediate impact on the player's chances to succeed can be quite nerve-racking, even in a game that allows the player to replay each episode an unlimited number of times. The QTEs are even more stressful, as they occur at pivotal moments and, unlike every other choice mechanism presented in the game, do not allow the player sufficient time to evaluate the options available. A prime example of this mechanism occurs in a subsequent chapter, one of the critical moments in which a character has the option to break free of her programming, namely when the housekeeping android, Kara, is confronted with an unethical order from her master, Todd. When Todd's character becomes unhinged during dinner and scares his daughter, Alice, he orders Kara not to move and begins to lose his patience while his daughter has run upstairs to hide. In front of her, Kara sees a literal wall beyond which she cannot move.

Ethically speaking, it is clear that this situation will not end well should Kara follow Todd's order not to move. However, the character is an android and therefore not necessarily confined to our human notion of ethics. Since Kara is controlled by a human player, however, it is this player who must decide to go against an explicit order, an odd request in a video game that has up until this point offered explicit instructions to help the player in each episode. Should the player choose to ignore Todd's command, Kara can approach this virtual wall and literally break through it using QTEs (see Figure 8 below). This crucial moment when the player chooses to corrupt the character's programming is portrayed as a literal glitch. Unlike Queneau's glitch in which the narrative created by the reader might not be logically consistent, this visual glitch morphs the world from the point of view of the character, who watches herself literally break through the interdiction (which becomes jumbled and misspelled the more the figurative glass breaks). Once free from her programming and thereby a deviant, Kara must go upstairs to protect Alice. If unlocked in a previous level, she can grab a gun to defend herself and the child and through a series of intense QTEs, she can kill Todd and escape with Alice.

[FIGURE 8] Screenshot of the choice scan screen during the first chapter of *Detroit: Become Human*.

In the case that a player does not wish to behave ethically, he or she witnesses a sad scene: Todd goes upstairs and kills Alice, then blames Kara and kills her as well. In this scenario, the player loses the character of Kara entirely and continues the game alternating only between Markus's and Connor's storylines. As Wark admits in *Gamer Theory*, "Gamers are not always good Gods" (26).

The fact that the choice mechanisms themselves raise ethical questions is thematically linked to the story being told. Indeed, the androids who become deviants are human-like and wish to be free after having broken their programming. Like the player, they have hopes and dreams and objectives of their own. For instance, after breaking through her programming, Kara literally sees before her the words "Protect Alice" (and can additionally turn around to try to "Reason with Todd"). Playing as these androids allows the player to empathize with them and in a critical moment later in the game, he or she even has the option to convert Connor into a deviant and have him join the rebellion. Unlike Queneau's tale which thematized a lack of freedom despite all indications to the contrary, *Detroit: Become Human* allows the player to consider the freedom that he or she still has within a highly regulated story that still only has a finite number of outcomes.

Conclusion

While it might seem irrelevant to compare one of the earliest examples of arborescent literature to a far more advanced one that owes to decades of improvements in computing technology, I believe these two interactive scenarios are in a critical dialogue with one another. Indeed, those who write arborescent literature today still reference Queneau, as evidenced by *Écrire un scénario interactif*, which juxtaposes Oulipo's purpose with exclusive interviews with David Cage. As the authors state regarding Oulipo, "Or, qu'est-ce que l'Oulipo, sinon un jeu littéraire ? Et qui dit jeu dit règles, voire mathématisation desdites règles. Le jeu vidéo n'est ni plus ni moins qu'un univers, un jeu, produit par des outils informatiques de plus en plus performants."

Indeed, Oulipian games and video games have much in common, specifically the pedagogical intent as well as the interplay between humanities and mathematics. In that sense, what truly separates Queneau's text from *Detroit* is not necessarily a lack of or different vision, but rather a frustration with the medium. At the time Queneau wrote *Un conte à votre façon*, working with computers brought one into much closer contact with programming languages and was far more rudimentary than today's IT. As such, Queneau's text reflects a timely frustration with the limitations of the computers of his time for literary production. Consequently, he chose to thematize this lack of choice, creating a thoroughly ironic text that is nevertheless a pioneering example of the genre of arborescent literature. On a higher level, Queneau's work can be read as a philosophical demonstration of a lack of free will, at least in the "conte" genre, in which the goal is to teach the reader a moral through what Propp's work suggests is a finite collection of pre-determined functions.

Detroit, on the other hand, does not suffer from such limitations. With the big budget of a studio specializing in AAA games and the advancements in computing power since the 1960s, David Cage is able to write his arborescent script in such a way as to overwhelm the player with a multitude of choices, precisely due to the new medium and the interactive choice mechanisms it allows, following Wark's reflection: "The digital produces not just new kinds of media but a whole new topos, in which the role and rule of the line is reversed. One no longer follows a line to find where it divides; one divides with a line to make a distinction. Storyline becomes gamespace" (70). Wark's reflection on the digital is doubly true for arborescent narratives, as the divisions in the lines do indeed turn storyline into a gamespace in which the reader or player must make a decision to advance.

Judging from both *Un conte à votre façon* and *Detroit: Become Human*, both Queneau and Cage recognize the inherent paradox of arborescent literature: namely that, for a genre that posits a choice, it is the author who has the freedom of choice, whereas the reader/player in fact has rather a simulacrum of choice, confined by the predetermined choices of the author. Since Queneau's short text (and computers of the 1960's in general) could not possibly convince the reader that his or her choices matter, it employs every rhetorical strategy to taunt the reader with this lack of narrative power. For Cage, who has a far more robust algorithmic structure behind him, he prefers to demonstrate the weight of the player's choices, regardless of the fact that all the possible narratives were predetermined in advance.

NOTES

[1] While many researchers have different names for this genre, the central idea can be summed up as Marie-Laure Ryan deftly put it at the start of her article: "The central idea of Interactive Drama is to abolish the difference between author, spectator, author and character" 677. See Ryan, Marie-Laure. "Interactive Drama: Narrativity in a Highly Interactive Environment." *Modern Fiction Studies*, (43: 3, 1997) 677–707.

[2] Lavigne, Carlen. "Pressing X to Jason: Narrative, Gender, and Choice in *Heavy Rain*." *Studies in Popular Culture*, (41 : 1, 2018) 15–36.

[3] Bens, Jacques. *Genèse de l'Oulipo 1960-1963*. Le Castor Astral, 2005.

[4] Propp, Vladimir. *Morphologie du conte*. Éditions du Seuil, 1965.

[5] Webster, Doris, Hopkins, Mary Alden. *Consider the Consequences !*, The Century Company, 1930.

[6] Lacombe, Pierre, et al. *Écrire Un Scénario Interactif*. Éditions Eyrolles, 2019.

[7] Queneau, Raymond. "Un conte à votre façon." *La littérature potentielle*, Oulipo, Gallimard, 1973, 273–76.

[8] Ryan, Marie-Laure. "Interactive Drama: Narrativity in a Highly Interactive Environment." *Modern Fiction Studies*, (43: 3) 1997, 677–707.

[9] Toft, Bjarne. "Claude Berge — Sculptor of Graph Theory." *Graph Theory in Paris: Proceedings of a Conference in Memory of Claude Berge*, edited by A. Bondy et al., Birkhäuser, 2007, 1–9.

[10] Berge, Claude. "Pour une analyse potentielle de la littérature combinatoire." *La littérature potentielle*, Éditions Gallimard, 1973, 43–57.

[11] Audin, Michèle. *Images Des Mathématiques*. http://images.math.cnrs.fr/L-Oulipo-a-cinquante-ans-812?id_forum=3160&lang=fr. Accessed 12 Dec. 2022.

[12] Campaignolle-Catel, Hélène. "Un Conte à votre façon de Queneau : délinquance ou insignifiance ?" *Revue d'histoire littéraire de la France*, vol. 106, 2006, 133–156.

[13] *Nos Valeurs | Site Officiel | Quantic Dream*. https://www.quanticdream.com/fr/nos-valeurs. Accessed 17 Dec. 2022.

[14] *Detroit: Become Human*. Quantic Dream, 2018.

[15] Wark, McKenzie. *Gamer Theory:* Harvard University Press, 2007.

Jean-Jacques Thomas
The State University of New York

Algorithmes ludiques : le simulacre du sacré au cœur de l'Histoire

> Vous me ferez un bon article sur l'ensemble, une espèce de conclusion philosophique, genre français. *Shall we say ten pages (4,500 words)? And can you let me have the copy very soon? Say, within ten days ?*
>
> Je lui ai ri au nez, aussi sûr qu'on peut l'être quand on n'a ni le désir, ni les moyens, ni l'obligation de faire quelque chose, qu'on ne la fera pas.
>
> En conséquence, à peine rentré à Paris, je me suis mis à l'ouvrage, c'est-à-dire à réfléchir.
>
> Paul Valéry, *Regards sur le monde actuel* (Paris, Gallimard, 1945), 94.

Prologue

Toute instruction religieuse conséquente impose l'acquisition d'un catéchisme diversifié, intensif et étendu. Outre l'étude édifiante et exemplaire de la vie des héros, saints et martyrs, dont le destin exemplaire sert à modeler la vie sociale, mondaine et quotidienne des catéchumènes, nombreuses sont les heures consacrées à l'acquisition des principes et moyens essentiels à la survie de la foi, ainsi qu'à la révélation énigmatique et surnaturelle des mystères et des miracles. Chacun y apprend la différence essentielle entre le propos littéral et son contrepoint figuratif et malheur à ceux qui y perdent leur latin et ne s'en tiennent qu'à une lecture terre à terre incapable d'échapper à la pesanteur du réel et à la banalité profane du quotidien. Introduit par les maitres de la parole à ces discours révérés il faut savoir s'essorer bien haut et voltiger avec les syzygies les plus agiles et les plus prestes afin de participer à la transe d'un savoir avantageux. Ce n'est qu'au prix de cet apprentissage progressif et étendu qu'enfin l'initié peut avoir accès aux commandements sacrés du canon et exprimer sa confession de foi : le crédo (*creed*) des fidèles. Ce dernier stade de l'apprentissage liturgique conduit à l'acceptation des mystères de la foi, ce savoir sacré révélé devient « je crois en cette vérité », ce que confirme la réponse des fidèles : « Amen » (*En vérité*). L'apprentissage religieux des petits chrétiens, unis dans une foi « sainte, universelle et apostolique », culmine ainsi, dans la communion originelle, par la remise d'un document écrit du « Symbole de Nicée » (*The Nicene Creed*) qui certifie, aux yeux de la communauté assemblée des fidèles que l'impétrant a été admis dans le cercle des élus et qu'il a été *confirmé* dans son éternelle foi en les enseignements sacrés des multiples parties de la liturgie acquise.

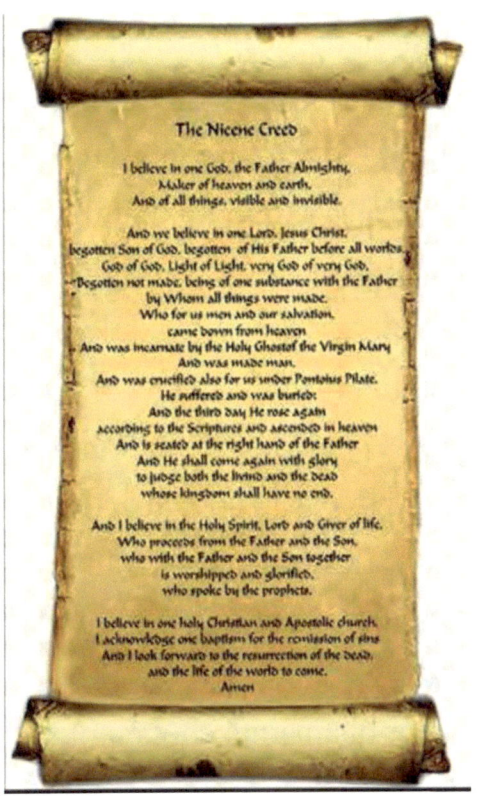

[FIGURE 1] « The Nicene Creed », document de l'auteur. © *tii*.

En 2007 la compagnie de jeux vidéo numériques Ubisoft, basée à Montréal, sortait la première version d'*Assassin's Creed*, une série de jeux vidéo historiques d'action-aventure et d'infiltration. Depuis cette date, dix nouvelles versions ont été produites : une onzième, *Assassin's Creed : Mirage*, annoncée pour 2023, est déjà en pré-vente sur les réseaux internet. Chaque nouvel épisode, publié depuis 2007, mélangeant fiction narrative et chronique historique, couvre une période clé de la civilisation mondiale. Le premier jeu portait avant tout sur la présentation du système général de la série et la base génétique à l'origine de l'Avatar principal de ce jeu où le personnage central représentant le joueur, apparait à la troisième personne dans la dynamique ludique du jeu. Episode après épisode, les contraintes inscrites dans le déroulement de la partie sont strictement contrôlées, dans tous les domaines du dispositif du jeu, par un ensemble d'algorithmes distribués selon les fonctions et modalités ludiques à exécuter.

Le décor historique choisi pour la première édition, le temps de la « Troisième Croisade », est fidèlement reconstitué par les algorithmes contrôlant le rendu graphique réalisé selon les données précises acceptées par les archives historiques de la période. Le traitement extrêmement soigné du traitement d'image donne au spectacle visuel du jeu son caractère exceptionnel. Le raffinement de la reconstitution historique repose sur les nouveaux moyens numériques maintenant disponibles pour la création d'algorithmes permettant la réalisation d'« effets spéciaux » singuliers. Chaque nouvelle édition publiée par la suite évolue dans une période historique différente, accentuant encore, grâce aux progrès technologiques du traitement numérique du graphisme, la précision encyclopédique du contexte architectural, topologique et urbain ordinaire de la période choisie. Avec le deuxième épisode de la série (*Assassin's Creed II*, 2009), le développement des scènes du jeu bénéficie des progrès informatiques inscrit dans le faisceau des algorithmes qui combinent le codage des technologies cinématographiques et numériques pour recréer un univers historique d'une précision extraordinaire qui donne une expansion inégalée à l'immersion *usuelle* des joueurs investis corps et âme dans ces jeux de type « monde ouvert » comme le sont toutes les livraisons d'*Assassin's Creed* et produits dérivés. Au quotidien, cette immersion du joueur, dans l'univers fini cadastré par le réseau limité des algorithmes, postule un engagement solennel envers les obligations dictées par les règles imposées et contraignantes de l'écheveau numérique.

La réalité augmentée et recherchée du métavers graphique ainsi créée par les algorithmes impose au joueur le type d'impératif catégorique profane de se croire, *hic et nunc*, dans ce temps, dans ce lieu, et au milieu de ces personnages historiques. Ce simulacre de réalité régenté par l'illusion visuelle installée par l'intelligence artificielle (la combinaison intriquée des algorithmes contrôlant le graphisme), justifie, en partie, la notion de crédo (*creed*) inscrite dans le titre générique du jeu vidéo. C'est, toutefois, une exigence bien supérieure, plus proche de la dimension liturgique du sacré surnaturel qui, au quotidien, semble gouverner l'exaltation particulière de la profession de foi du joueur : il lui faut aussi fermement *croire* à une certaine liturgie de l'être social souverainement enchâssée dans les rets savamment verrouillés par les algorithmes gouvernant la stratégie narrative du jeu.

Raison d'être

Comme la dernière édition distribuée de ce jeu, *Assassin's Creed : Valhalla* (2020), a ajouté (selon les statistiques officielles) vingt millions de joueurs supplémentaires à la base existante de plus de deux cents millions de joueurs régulièrement en ligne pour ce qui est devenu l'un des plus populaires jeux de type RPG (jeu de rôles – *role playing game*), on peut estimer que la raison d'être de ce jeu, y compris les buts assignés pour déterminer que la session se termine avec succès, est aujourd'hui connu d'un large public. Donc, simplement pour mémoire, je rappellerai brièvement que l'Avatar fictionnel (« l'Assassin ») principal représentant central du joueur est un personnage de la période contemporaine identifié par un nom (ou un surnom) déterminé. Ce protagoniste contemporain descend d'une longue lignée d' « Assassins » qui lui donne une histoire généalogique régissant l' « Animus », ses qualités de vie (force, initiative, imagination, etc.) et ses virtuosités déductives. Ce sont les qualités génétiques spécifiques de la lignée de l'« Animus » qui vont aider la figure principale de l'épisode, l'Avatar historique, à jouer le rôle actif de « valant-pour » (vicaire) du joueur pendant toute la conduite déterminée de la séquence de jeu installée dans la temporalité immédiate du thème chronologique et géographique de l'épisode de la saga d'*Assassin's Creed*. Éventuellement, à la suite d'une excellente gestion de ses facultés génétiques économisées ou acquises et des accessoires matériels dont il dispose, l'Avatar parvient à atteindre le but final assigné par le scénario prescrit du jeu : l'assassinat d'un personnage (historique) désigné originellement comme l'ennemi.

Le système binaire de rivalité, entre l'Avatar historique (l'« Assassin ») et la cible désignée, repose, pour la conception originelle du jeu, sur l'extrapolation des éléments constitutifs de la trame du roman *Alamut* écrit par l'auteur slovène Vladimir Bartol en 1938 et traduit dans une multitude de langues, ce qui explique son succès international comme roman de type « *fantasy* historique ». Le roman, imprégné des enseignements de Nietzsche et de Freud acquis par l'auteur pendant ses études à Ljubljana et à Paris, se situe en 1092 dans la forteresse d'Alamut contrôlée par la secte religieuse des Haschichins (ce nom propre est à l'origine du terme « assassins »). L'embrigadement des jeunes recrues leur impose une vie studieuse et hautement disciplinée d'enseignement religieux et militaire qui valorise la dévotion à autrui, la foi en une vie morale, le refus de tout asservissement et la lutte farouche contre toute forme d'oppression autoritaire qui utilise le simulacre, l'artifice et l'offuscation pour manipuler les masses publiques. L'influence de Nietzsche est si évidente que l'un des crédos soumis à la formation des recrues est une phrase directement empruntée à son traité philosophique *Ainsi parlait Zarathoustra* : « Rien n'est vrai, tout est permis ».

Le livre de Bartol, écrit entre les deux guerres mondiales, est généralement considéré comme un ouvrage politique destiné à prévenir contre l'irrésistible ascension, à l'époque, d'un certain nombre de régimes fascistes et totalitaires reposant sur la diffusion spectaculaire de fausses nouvelles présentées comme vérités officiellement avérées et destinées à tromper les peuples, à asservir leur loyauté et à assurer le maintien de son pouvoir. Dans le roman, les plus brillants disciples de la formation à Alamut ont donc pour mission, à leur sortie de la forteresse, et lors de leur retour à la vie publique, de mettre fin à toute forme d'asservissement criminel et à maintenir le droit à la liberté exercée sans aucune entrave du pouvoir en place. Bartol lui-même, pendant la seconde guerre mondiale, deviendra un membre actif et influent de la résistance slovène contre l'envahisseur nazi. Toutes les livraisons successives d'*Assassin's Creed*, prenant place dans divers lieux aux cours de différents siècles, avalisent cette liturgie sociale et politique de base et les algorithmes narratifs gèrent strictement cette ligne de conduite pour l'Avatar fictionnel temporel ; sa mission consiste à mettre fin à la domination tyrannique d'un personnage historique désigné comme l'ennemi des libertés et l'incarnation d'un pouvoir fondé sur l'exercice d'une autorité abusive érigée sur un simulacre politique. Cette ligne narrative héritée de l'idéologie implicite du roman source installe l'ensemble des épisodes de la saga sur un scénario liminaire établi sur un dualisme antagoniste primordial qui, au cours des siècles, oppose la « Fraternité des Assassins » à l'« Ordre des Templiers ». Il ne faut pas s'abandonner à une interprétation hâtive de ce modèle de conflit binaire en le réduisant à un simple manichéisme primaire : le bien contre le mal. Il ne s'agit pas vraiment d'une question éthique, mais d'une dimension sociale et politique où se laisse deviner, dans sa réinterprétation entreprise par *Assassin's Creed*, l'addition de certains aspects des fractures sociales bien contemporaines. La « Fraternité des Assassins » valorise l'esprit libertaire, la libre pensée, l'ordre naturel et l'initiative individualiste (les « Assassins » sont, par nature, des « francs-tireurs ») ; la meilleure devise de ce groupe est probablement « Nous agissons dans l'ombre au triomphe de la lumière ». L'« Ordre des Templiers » insiste sur l'ordre, le pouvoir, l'agencement hiérarchique et un développement économique débridé favorisant le monde industriel et commercial. Les personnages historiques et les personnages de fiction qui apparaissent dans les différents épisodes de la saga nourrissent cette rivalité ancestrale : la famille des Borgia, Maximilien de Robespierre, James Cook, Thomas Edison, etc. appartiennent à l'« Ordre », la famille des Médicis, Niccolo Machiavel, Leonardo Da Vinci, Benjamin Franklin, Mirabeau, Samuel Adams, Lafayette, etc. sont affiliés à la « Fraternité ».

Assassin's Creed est un type de jeu hybride situé entre le jeu de type « action-aventure » basé sur une simulation historique caractérisée par la fidélité historique hypersophistiquée et les jeux de type S.T.G. (« shooting game ») ayant donc pour base, souvent très élémentaire, la destruction d'un ennemi désigné. Il est généralement considéré que les quatre premières versions du cycle d'*Assassin's Creed* (2007-2011) élaborées originellement par Jade Raymond (développeuse et productrice), Patrice Désilets (concepteur et programmeur) et Corey May (scénariste et continuité) ont constitué un galop d'essai pour la série dans la prolongation de deux jeux à succès déjà proposés par Ubisoft, *Prince of Persia* et *Splinter Cell*, deux jeux destinés à un public adolescent.

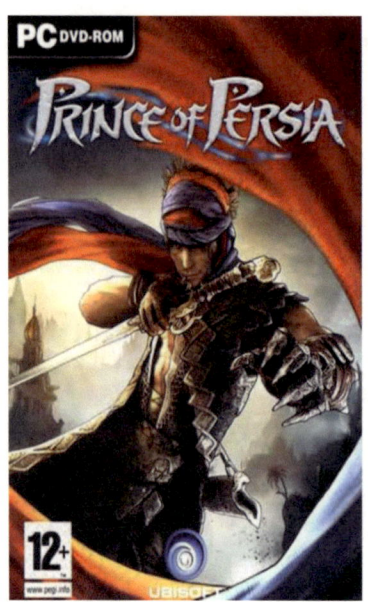 

[FIGURE 2]

Jeux vidéo. *Prince of Persia* (1989), *Splinter Cell* (2002) © Ubisoft.

A la fin de 2011, on comptait environ cent cinquante collaborateurs (historiens, graphistes, scénaristes, programmeurs, techniciens vidéo, etc.) employés à plein temps par Ubisoft Montréal à la réalisation de la saga d'*Assassin's Creed*. Avec le lancement des différentes versions d'*Assassin's Creed,* Ubisoft devient le troisième éditeur indépendant de jeux vidéo au monde. Entre 2007 et 2012, Ubisoft multiplie les achats de studios indépendants, numériques et graphiques, dans le monde entier (Toronto, Singapour, Kiev, Paris, Vancouver, São Paulo, etc.) et, adoptant une stratégie multi médiatique de productions, établit Ubisoft Motion Pictures, une compagnie destinée à favoriser originellement l'extension des jeux vidéo vers la production cinématographique, comme l'avait anticipé Yves Simoneau, avec la conception et réalisation du court film *Assassin's Creed : Lineage* (2007) tablant sur l'expansion de l'immersion multimédia englobant un ensemble de plateformes et de technologies complémentaires.

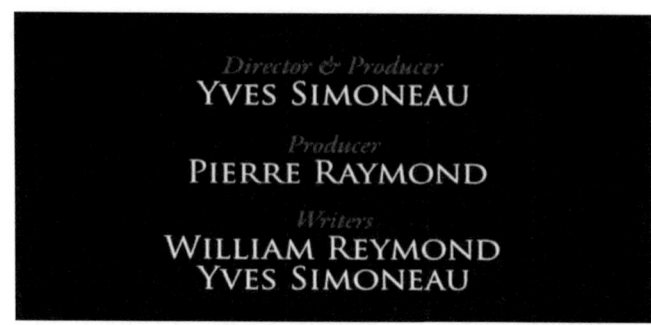

Director & Producer
YVES SIMONEAU

Producer
PIERRE RAYMOND

Writers
WILLIAM REYMOND
YVES SIMONEAU

[FIGURE 3] Captures d'écran (titre et générique)
Assassin's Creed : Lineage (2007) © Ubisoft. All rights
reserved, tous droits réservés.

Cette expansion industrielle de l'entreprise en 2011 accélère les changements administratifs et créatifs à la tête de l'unité de production d'*Assassin's Creed* et le succès du jeu, qui, alors, comme indiqué, compte alors plus de deux cents millions de joueurs réguliers, impose une augmentation d'environ cinquante collaborateurs salariés à l'équipe de préparation et donne au projet une dimension plus stable et, à la suggestion de la division marketing de l'entreprise, il est décidé que les thèmes et les scénarios des différents épisodes en développement cibleront désormais un public plus « adulte » que les éditions précédentes. Toutes ces raisons, industrielles et créatives, expliquent le fait qu'*Assassin's Creed III* (2012) apparait, historiquement, comme la mise en route de la version qui, de cette période à aujourd'hui, donnera à cette saga les caractéristiques de son identité ludique et les formes principales de son système algorithmique et de ses chaines narratives. Comme annoncé, le jeu quitte le domaine des jeux destinés aux adolescents et apparait avec le label « Mature 17+ », s'installant explicitement sur le marché d'un public plus large, plus intellectuellement ambitieux et compétiteur, et, certainement disposé à dépenser plus pour un jeu au graphisme accrocheur, extrêmement complexe et sophistiqué. Abandonnant le vert paradis des apprentissages enfantins, le jeu y gagne une intelligence artificielle d'âge d'homme.

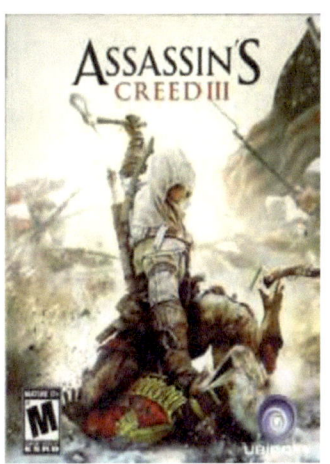

[FIGURE 4] *Assassin's Creed III* (2012) © Ubisoft. All rights reserved, tous droits réservés.

La critique spécialisée a salué positivement cette nouvelle étape de l'entreprise et a célébré les mérites du développement très poussé des algorithmes gérant les différents personnages principaux et secondaires, le caractère précis, méticuleux et fouillé des décors visuels, l'ambition intellectuelle des intrigues primordiales et des branchements auxiliaires. Ce sont, par-dessus tout, la spécialisation et la complexité des codes algorithmique qui gouvernent la diversité des d'objets apparaissant dans la progression séquentielle de chaque jeu ainsi que la dextérité phénoménale de l'animation kinétique des personnages graphiques qui ont retenu l'attention des spécialistes.

La réponse ultra rapide à toute commande aussi bien que la diligence des divers mouvements des éléments du jeu sont particulièrement appréciées par les joueurs dans un univers où la vélocité du jeu fait apprécier tout gain de seconde dans le déroulement de l'action. Ceci, qu'il s'agisse des actions voulues par le joueur en matière de « vitesse » ou de « parcours » afin de réaliser la mission d'assassinat historique imposée par le thème du jeu impliqué par le sous-titre spécifique. Chaque version se joue selon le mode dit « course libre » où le joueur peut à loisir explorer des cartes particulièrement étendues du métavers graphique imposé par le thème.

[FIGURE 5] *Assassin's Creed II* (2009). Captures d'écran © Ubisoft. All rights reserved, tous droits réservés.

L'algorithme gouvernant la mobilité permet de circuler « librement » dans cet univers sur un plan horizontal (les rues de la ville ou le paysage rural très détaillé offert par les effets visuels du jeu) et sur le plan vertical (grimper sur les immeubles et les monuments qui l'entourent dans l'univers urbain ou les collines, arbres, rochers et autres obstacles élevés du paysage, tout type de hauteur rencontrée dans le métavers du jeu).

[FIGURE 6] *Assassin's Creed II* (2009). Capture d'écran © Ubisoft. All rights reserved, tous droits réservés.

Sur les deux plans de l'univers de base, il va de soi que le joueur peut aussi « chevaucher » un coursier ou un véhicule d'un type ou d'un autre. *Assassin's Creed IV :*

Black Flag (introduit un an après *Assassin's Creed III*) substitue un univers prioritairement maritime à ce qui a été jusque-là un univers surtout continental. Une seule restriction fondamentale aux règles qui gouvernent les algorithmes du mouvement qu'il s'agisse de la « vitesse » ou du « parcours »: puisque le jeu est à « la 3e personne », le joueur (son Avatar historique) ne peut pas se déplacer latéralement par rapport à la vision du métavers directement devant lui, il ne peut que se déplacer dans la direction de ce qui correspond à sa vision frontale.

De 2011 à aujourd'hui, le travail des animateurs graphiques a bénéficié de l'interaction et de l'intégration de plus en plus intense du numérique avec la kinétique cinématographique pour rendre plus « réaliste » tout déplacement des personnages principaux et secondaires dans le déroulement du jeu. Cette capture de mouvements qui sont filmés en direct avec des acteurs réels harnachés de capteurs de mouvement digitaux permet d'intégrer des mouvements spécifiques lors de la transposition numérique dans le domaine du jeu vidéo. On comprend que cette précision des mouvements, rendue possible par un encodage hiérarchique des algorithmes de commande, est tout particulièrement sensible dans la réalisation de scènes de combat individuel ou collectif ; la banalisation de cette technologie multimédia sera certainement mise à l'épreuve lors de la réalisation du prochain épisode annoncé de la saga, *Assassin's Creed : Red*, puisque son thème historique prévu est le métavers de la période féodale du Japon, ce qui, sans aucun doute, reposera en grande partie sur la hiératique conventionnelle et contrainte de la gestuelle très exactement codifiée des arts martiaux. On comprend aisément que, pour tout joueur cette « mise au monde » kinétique immédiate et instantanée dans l'univers virtuel du jeu, favorise l'impression d' « appartenir » et contribue à effacer tout effet de distanciation et, à l'inverse, renforce un sens imminent de présence à ce métavers surnaturel.

Arsenal sacré

Les algorithmes contrôlant la progression vitale de l'Avatar historique du joueur lui attribuent, donc, selon sa performance, des propriétés génétiques liées à la lignée attachée à son « Animus ». Outre cette dimension immanente, pour l'aider à accomplir la destinée que le scénario narratif du jeu lui impose, une série d'algorithmes spécifiques vient ajouter des éléments extérieurs qui complètent et complémentent sa dextérité agentielle :

costume, armes et vélocité. Ceux-ci favorisent ainsi, s'il le mérite, la qualité accrue de sa quête et affermissent sa foi en sa mission sacrée. L'acquisition progressive et exhaustive de ces ressources mises à sa disposition par l'arcature numérique, permet au joueur d'acquérir le répertoire liturgique de base de son aisance et compétence ludiques.

Costume

Le costume de l' « Assassin », dans toutes les éditions de la saga *Assassin's Creed* se compose d'une tenue singulière qui devient une sorte de marque de reconnaissance de ce type de personnage et lui donne une apparence qui confirme son identité. L'élément caractéristique est un vêtement ample qui couvre le torse et une capuche attachée qui couvre la tête du personnage ; l'ensemble est généralement défini dans le vocabulaire vestimentaire contemporain comme un « hoodie » (sweat/pullover à capuche). Le choix d'une ample capuche permet de dissimuler les traits de son visage et donc participe à la réalisation d'une présence « mystérieuse » puisque cette occultation vestimentaire du visage s'accompagne, pour le reste du corps de vêtements amples qui rendent difficiles la description des lignes du corps.

Pour l'ensemble de la silhouette, on ne peut s'empêcher de la rapprocher de celle des moines telle que la popularisent les livres d'histoire ; une référence connotative qui attache à l'« Assassin » l'image solitaire et itinérante d'un ministre d'une foi sibylline. Pour rendre les détails d'habillement encore plus flous, comme c'est le souvent le cas pour de nombreux héros mystérieux de bandes dessinées et de films, l'Avatar du jeu porte une *cape* brodée de différents signes institutionnels. Tout au long du jeu, les éléments qui constituent la tenue de l'« Assassin » vont évoluer selon le degré d'avancée de sa quête vers la victoire finale. Soit les composantes du vêtement ainsi acquises vont favoriser la qualité de ses ressources de force, soit elles vont lui permettre de tromper les adversaires potentiels en adoptant leurs propres marques. La tenue, tout en maintenant l'image globale d'un envoyé singulier d'une puissance surnaturelle énigmatique, reste constamment régie par les algorithmes qui contrôlent l'avancement et l'évolution de l'arsenal combatif du protagoniste et aident pleinement à la progression graduelle du jeu.

[FIGURE 7] *Assassin's Creed II* (2009). © Ubisoft. All rights reserved,

tous  droits réservés.

Armes

Si la diversité progressive de la tenue participe pleinement au renforcement de la dextérité combative de l'« Assassin », il va de soi que l'élément primordial dans sa lutte contre l'ennemi désigné tient à la nature et à la puissance de ses armes.

Dès les premiers épisodes de la saga, le protagoniste historique a été doté d'une arme caractéristique : le poignard coulissant. Toutes les images de base du personnage « Assassin » insistent sur la présence de cette arme. Comme la première livraison de *Assassin's Creed* (2007) prenait place durant la Troisième Croisade, pour rester fidèle au roman historique de Bartol, l'arme était basée sur le poignard dit « acier de Damas », une lame extrêmement solide et effilée, forgée dans les aciers de type *wootz* et caractérisée par le fait que la lame révèle des motifs moirés dans la tradition graphique des arabesques. Ce type de lame, venu originellement de l'Inde, était extrêmement prisé par les armées musulmanes car elle avait la réputation de pouvoir percer la cuirasse des chevaliers Croisés. L'origine historique de cette arme fétiche des « Assassins » est maintenant largement oubliée par les aficionados d'*Assassin's Creed* et le poignard coulissant est simplement connu dans le monde des fans d'*Assassin's Creed* sous le nom de « Lame d'Aguilar ». Grâce à la popularité mythique du jeu et le caractère identitaire de ce type d'arme, le public peut aujourd'hui en obtenir, sur des sites internet, une « réplique authentique » forgée par Master Cutlery.

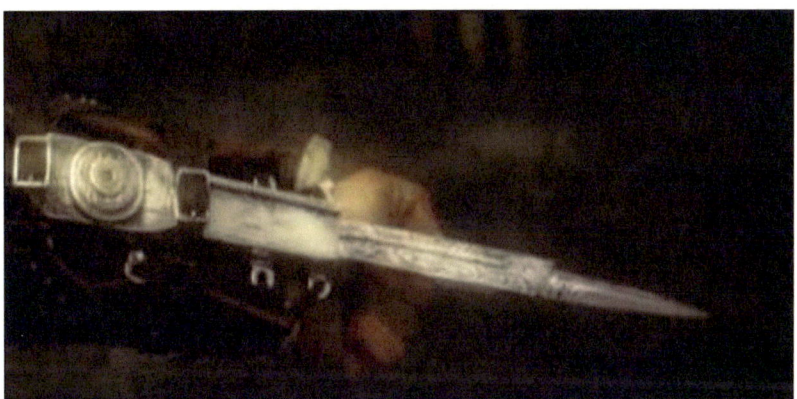

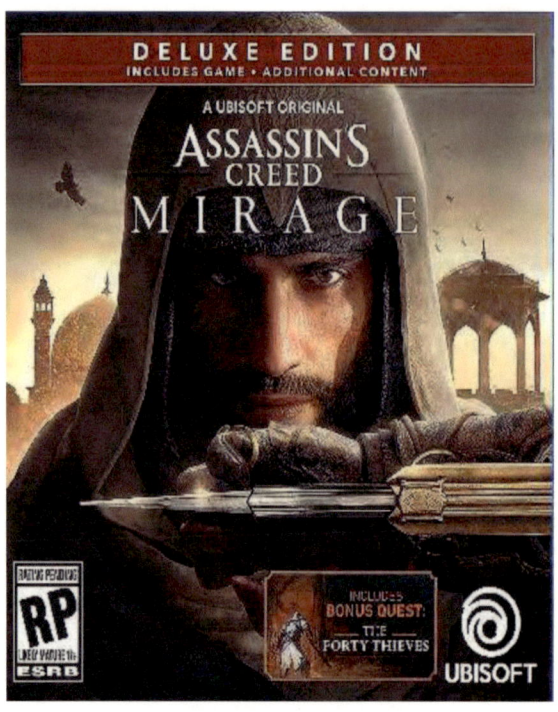

[FIGURE 8] "Le poignard coulissant". *Assassin's Creed II* (2009); *Assassin's Creed Lineage*, capture d'écran; *Assassin's Creed : Mirage* (2023) © Ubisoft. All rights reserved, tous droits réservés.

Comme le révèlent également les images canoniques de l'Avatar historique d'*Assassin's Creed*, le poignard coulissant n'est pas la seule arme dont il dispose.

[FIGURE 9] « L'arsenal de l'assassin ». *Assassin's Creed II* (2009). © Ubisoft. All rights reserved, tous droits réservés.

Le jeu propose une multitude d'armes selon l'état d'avancement de la séance de jeu et selon les circonstances dans lesquelles le protagoniste est plongé. Lors du prologue du jeu, il est proposé à l'adoubement de l'Avatar, un choix d'armes qui vont l'équiper pour le commencement de sa quête. Dans l'esprit général de ce jeu, la reconstitution historique des choix est particulièrement bien travaillée et la qualité éducative des données est valorisée de sorte que le joueur peut se familiariser avec le type d'arsenal disponible à l'époque. Une fois ce choix initial d'équipement minimal de l'Avatar, comme pour le costume, ce sont les algorithmes gouvernant l'évolution progressive du jeu qui dictent l'acquisition possible, par l'Avatar, d'armes plus puissantes, plus sophistiquées et plus appropriées à la situation.

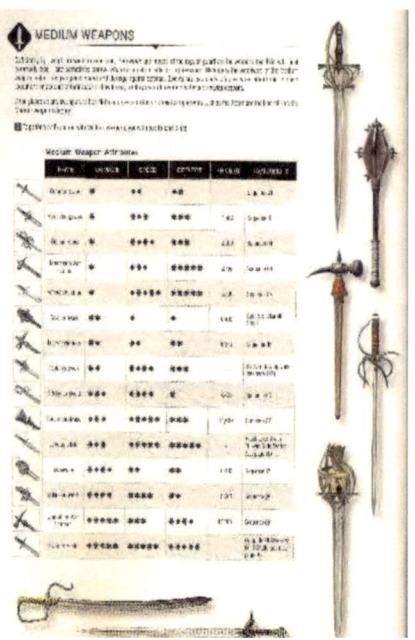

[FIGURE 10] « L'arsenal de l'assassin ». *Assassin's Creed II* (2009). © Ubisoft.

Vélocité

Dans les premières scènes de la version *Assassin's Creed III* (2012), l'Avatar historique, Connor, perché en haut d'un arbre, son arc tendu et les flèches prêtes, observe l'avancée, en contrebas, d'une colonne de militaires habillés de leur tunique rouge ; ce sont les soldats de l'armée coloniale anglaise occupant les terres américaines.

[FIGURE 11] *Assassin's Creed III* (2012). Captures d'écran © Ubisoft. All rights reserved, tous droits réservés.

Cette scène graphique, avec sa profondeur de champ, ses détails écologiques et historiques, capture parfaitement la précision et la virtuosité des représentations visuelles caractéristiques de la dextérité plastique des décors d'*Assassin's Creed*. La scène, toutefois, n'est pas une « nature morte », mais bien un « tableau vivant » puisque, dans son suivi narratif, les détails graphiques vont s'animer, se métamorphoser en plans successifs pour suivre la dynamique physique du protagoniste. L'ensemble graphique va ainsi accompagner une succession de mouvements verticaux belliqueux extraordinairement prestes et diligents contre l'occupant britannique.

[FIGURE 12] *Assassin's Creed III* (2012). Captures d'écran © Ubisoft.

Outre le costume et les armes qui constituent la base de l'arsenal matériel de l'Avatar historique, son « Animus » lui accorde une capacité physique hors de l'ordinaire et les divers algorithmes qui gouvernent le système du mouvement favorisent ainsi la vélocité de tous ses déplacements, horizontaux et verticaux, capables de tirer parti, interactivement, de toutes les caractéristiques physiques du décor graphique. La virtuosité mobile du joueur déployée pour favoriser le parcours « tous azimuts » de son Avatar historique repose ainsi en grande part sur son absorption majeure du catéchisme algorithmique contrôlant le déplacement dans le métavers d'*Assassin's Creed*.

[FIGURE 13] *Assassin's Creed II* (2009). Captures d'écran © Ubisoft. All rights reserved, tous droits réservés.

Le paradigme de ces ressources (costumes, armes, vélocité) compose le trésor sacré du joueur, le *vade-mecum* indispensable à son expérience d'intégration dans un univers quotidien mais surnaturel.

On se souvient que pour expliquer les mécanismes de base de la Langue, le linguiste Ferdinand de Saussure utilise une analogie avec le jeu d'échecs : la nature des pièces constitue la base morphologique de la Langue, les règles de déplacement des pièces aménagent sa syntaxe et cet ensemble combiné s'assimile à la *grammaire* de la Langue, le type de pièces et la structure de l'échiquier composent sa partie *dictionnaire*. Grammaire et dictionnaire sont les deux composantes de la Langue.

Jouer au jeu d'échecs revient à exploiter au mieux l'ensemble fini de ces constituants fondamentaux de la Langue. La partie performative de l'utilisation de la Langue par un locuteur, Saussure la désigne comme la Parole. Retournons l'analogie et admettons que le meilleur joueur d'*Assassin's Creed* est celui qui « parle » le mieux la langue composée des algorithmes, mécanismes profonds du jeu et répertoire autoritaire de l'intelligence artificielle qui maintient le contrôle sur tous les aspects du jeu. Ainsi, les modulations des diverses combinaisons possibles ponctuent le développement du jeu et, éventuellement, conditionnent la capacité du joueur à remplir le but final assigné par la stratégie même du jeu : détruire l'ennemi désigné dans la dialectique polémique élémentaire qui sous-tend le scénario historique de cet épisode de la saga d'*Assassin's Creed*. Le meilleur joueur est donc le plus beau « parleur », celui qui sait exploiter au mieux les ressources combinées de la Langue générées par l'interpolation des algorithmes. Chaque joueur se doit donc d'incorporer dans sa mémoire ludique le maximum de détails pertinents à la nomenclature des possibilités propres à chacune des catégories de ressources. Le joueur novice, peut, à la limite, s'en remettre, pour un temps, à une mémoire extérieure, mais il sait que progressivement il lui revient de s'imprégner intimement de ce savoir essentiel. L'apprentissage consistera, non seulement à maitriser ce savoir portant sur la compréhension complète des algorithmes régissant les ressources, mais, tout aussi important, lui reviendra l'obligation, par la multiplication d'une succession d'essais infructueux de tester les modes de résistance attachés à ces mêmes algorithmes. Puisque *Assassin's Creed* est un jeu de type « monde ouvert », toute partie se joue à la fois *avec* et *contre* les contraintes imposées par l'ordre numérique. Ainsi, par cette pratique, maitrisera-t-il la dialectique constante du rapport « action-réaction » et pas seulement sa capacité à gérer les actions de son Avatar, mais il apprendra, aussi, à prévenir tout piège fixe intégré à la dynamique numérique attachée à la tentative de contournement de certains types d'algorithmes. Une fois son apprentissage complété, le joueur peut se considérer détenteur d'une confiance exemplaire, faite d'une foi certaine en sa capacité à dominer entièrement le système fixe et ses instructions impératives implantées par les concepteurs du jeu et résultant des commandes et principes immanents gérés par les algorithmes.

Le sixième couplet de « La Marseillaise » commence par ce syntagme nominal : « Amour sacré de la

Patrie ». Il peut paraitre surprenant que ce chant, à l'inspiration révolutionnaire et libertaire proposé en 1792 par Rouget de Lisle comme marche militaire pour l'armée du Rhin, destiné à porter dans toute l'Europe les idéaux de la Révolution Française, y compris son refus de toute dévotion religieuse et célébré pour avoir annoncé la fin de Dieu et avoir remplacé tous ces cultes religieux par la célébration de la figure profane, scientifique et nationale de l'Être Suprême, garantisse au sein même de l'hymne à la Révolution la protection de la notion de « sacré », indiquant ainsi que le terme n'a pas seulement une valeur religieuse, mais accueille cet ensemble de certitudes accumulées par l'homme pour lui assurer le réconfort lorsqu'il recherche une défense nécessaire contre toute forme d'anxiété qui l'étreint dans l'incertitude existentielle de ses normes de vie sociale.

Captif du métavers intégral imposé par le maillage des algorithmes, le joueur aguerri comprend que ce moment où la conscience réalise symboliquement la présence d'un état surnaturel, d'un état sacré résultant de son apprentissage approfondi, n'aura rien de fugitif mais est là à demeure. Il s'est engagé dans le partage symbolique des éléments de son quotidien ludique, et, ou bien il accomplira la mission qui lui est impartie par le scénario et détruira l'ennemi désigné, ou, égaré, un temps, dans la jouissance de la fête visuelle de la tapisserie historique, il oubliera le fil du scénario et sera (virtuellement) tué. *Game over* !

A partir de sa rencontre avec ce qu'il a perçu comme le sacré, le monde du joueur n'est plus celui gouverné par le principe de réalité ; l'imaginaire de la fiction fonctionne comme un instrument de coercition d'un confinement métaphysique, illusoirement perçu par le joueur comme un état réel aux impératifs surnaturels. Par l'entremise de son Avatar, plongé dans l'univers directif du métavers historique, le joueur hallucine sa propre hypostase. Le joueur « fait corps » avec l'enchevêtrement serré du faisceau des algorithmes numériques qui trace le contour précis d'un domaine taboué qui fonde l'espace sacré de sa vie quotidienne. Cet univers sacré logé au cœur du jeu est en quelque sorte son Graal. Dans le contexte de la simulation construite dans la réalité augmentée de la restitution matérielle d'un univers illusoirement historique s'établit une sorte de *pacte* immanent entre le joueur et le monde virtuel machiné par la texture algorithmique du jeu. Dans la pratique quotidienne et superlativement maitrisée du jeu, se dessine la perception d'une rencontre immatérielle avec une intelligence autre qui, suprême puissance, a eu la charge d'organiser un univers hors normes. *Deus ex machina* ! Cette révélation surnaturelle engendre respect, crainte et attachement à la logique unidimensionnelle de survie et de victoire qui sous-tend la dynamique stratégique du jeu. Alors que notre quotidien moderne nous donne, au jour le jour, l'impression que notre monde a perdu sa sacralité et que les restes de toute sacralité officielle (église, morale politique, discipline militaire) se sont rétrécis dans de simples comportements hiératiques, ritualisés et conformistes, se confronter, par ce type de jeu, à une intelligence autre, nous donne l'illusion que nous quittons le simple plan existentiel des choses ordinaires et que nous avons gagné accès à un monde radicalement homogène et intellectuellement distinct qui sollicite intensément notre désir gnostique. Ce métavers fermé sur lui-même, corseté dans sa cohérence narrative, cloisonné dans son unique autosubsistance, nous fait oublier le chaos, la fragmentation et la dislocation du monde extérieur, profane : hors-jeu. Spécialiste de la philosophie des religions, Mircea Eliade avait déjà parfaitement caractérisé ce type d'effet du sacré sur les fidèles : « Par l'expérience du sacré, l'esprit humain a saisi la différence entre ce qui se révèle comme étant réel, puissant, riche et significatif, et ce qui est dépourvu de ces qualités, c'est-à-dire le flux chaotique et dangereux des choses, leurs apparitions et disparitions fortuites et vides de sens. »[1] La rencontre avec cet espace étymologiquement *insolite* (*in-solitus* / *isolé*), paradoxalement, fortifie notre inclination à l'aliénation.

Simulacre sacré *vs.* Histoire : l'illusion algorithmique

Le sacré dans la vie quotidienne du joueur

Le joueur, absorbé, par l'intermédiaire de son Avatar temporel, dans l'hallucinant simulacre historique qui, à chaque instant, enveloppe tous les aspects de la partie, vit dans l'illusion qu'il a quitté l'univers des choses ordinaires pour se mouvoir absolument dans un univers alternatif surnaturel. Les concepteurs du jeu ont accentué cette nature principielle de la saga *Assassin's Creed* ; de ce point de vue, il est à signaler que le sous-titre de la prochaine édition « mirage », est parfaitement cadré au type d'illusion hallucinatoire qui définit la transe ludique à laquelle succombe tout joueur expérimenté.

Là où d'autres sagas de jeux vidéo se placent dans la lignée plus traditionnelle de la science-fiction (*Fallout*), du « roman noir » (*Grand Theft Auto*), de la « fantasy » (*Hogwarts*), etc., les ressources de la production *d'Assassin's Creed* se portent plus spécifiquement sur la perfection finale d'une hyperréalité historique visuelle telle que restituée par l'interaction d'un travail communautaire des historiens et des concepteurs graphiques. Cette extrême précision du réalisme graphique n'est pas simplement là pour la simple satisfaction esthétique gratuite (cela y contribue, bien sûr !), mais elle est plus principiellement mise au service de deux agents de la simulation créée par les algorithmes qui gouvernent la coercition narrative du métavers dans lequel le joueur est plongé. Premièrement, pour que le joueur se sente véritablement de plain-pied dans un univers alternatif, il convient qu'il n'ait pas de raison de s'interroger sur la cohérence des composantes quotidiennes de son univers : décors, personnages, arsenal sacré, et tout impératif catégorique engagé par l'action (grâce à notre « connaissance du monde », nous connaissons Ben Franklin, Lafayette, etc., nous savons que les personnages grecs de l'antiquité ne doivent pas être vêtus comme des chinois traditionnels, que les arcs utilisés par les guerriers amérindiens ne doivent pas prendre la forme d'un arc utilisé par les cavaliers thraces, etc., que la trajectoire d'un projectile doit atteindre la cible attendue, que le parcours suivi par l'Avatar doit être conforme à l'urbanisme ambiant, etc.); deuxièmement, la précision graphique doit être mise au service de la crédibilité narrative de l'univers imposé par les algorithmes gouvernant les contraintes stratégiques du scénario de l'épisode.

L'étude de cas, proposée par l'épisode *Assassin's Creed III,* une livraison de la saga qui prend place pendant le soulèvement des Treize Colonies américaines contre le pouvoir colonial anglais, est tout particulièrement révélatrice de ces impératifs fonctionnels inévitables contenus dans la forme visuelle hypertravaillée de la matrice du jeu. L'Avatar historique du joueur, un jeune métis amérindien, Ratonhnhaké:ton (nommé plus avant dans le déroulement du jeu Connor Kenway) est le fils d'un colon anglais, Haytham Kenway (personnage fictionnel, lui-même fils d'Edward Kenway, un pirate anglais installé dans les îles Caraïbes qui se révèlera le nouvel Avatar historique dans l'épisode publié ultérieurement de la saga, *Assassin's Creed : Black Flag* - 2013), et de Kaniehti:io, une jeune fille amérindienne née dans une tribu Mohawk. Dans la vulgate iconographique, lorsque l'on parle des villages traditionnels amérindiens, ils sont généralement représentés sous cette apparence commune :

[FIGURE 14] Karl Bodmer, « Campement des Sioux » (1833) © The Metropolitan Museum of Art, New York. All rights reserved, tous droits réservés.

Or si cette image générique d'un village amérindien des temps anciens correspond à une attente visuelle d'un large public surtout familiarisé avec le domaine des grandes plaines centrales américaines, il se trouve que le domaine géographique et ethnique choisi pour cet épisode d'*Assassin's Creed* place l'action dans le domaine particulier des tribus Mohawk du nord-est du continent américain. Dans cet espace particulier, un village amérindien présente des caractéristiques distinctives qui tiennent aux circonstances dictées par le climat, la flore locale et les compétences techniques propres à ces tribus. D'après les données documentaires, il s'avère qu'un village Mohawk n'a absolument pas la physionomie popularisée par le cliché culturel habituel pour les villages amérindiens :

[FIGURE 15] *Assassin's Creed III* (2012). Capture d'écran © Ubisoft. All rights reserved, tous droits réservés.

La recherche ethnographique consacrée au type de village Mohawk dans lequel Connor a grandi, couplée avec la précision visuelle appliquée à sa restitution graphique générée par l'algorithme numérique, répondent effectivement au projet ambitieux de l'équipe des développeurs qui souhaitait un épisode reposant sur une documentation plus étoffée et plus fouillée, un domaine d'exploration plus large et plus varié (paysages, faune, flore, passants, etc.) que ce qu'offraient les épisodes précédents. Le tout résulte effectivement en un impressionnant simulacre visuel reposant sur une résurrection artificielle de mondes historiques, destinée à plonger le joueur dans ce que Jean Baudrillard dans *Simulacres et simulations* désigne comme : « une réhallucination désespérée du passé ».[2]

Puisque *Assassin's Creed III* a pour cadre historique les trente années de la période révolutionnaire nord-américaine et pour Avatar historique un métis amérindien originaire du Canada, il n'est pas indifférent de se souvenir que le studio principal d'Ubisoft chargé du développement de ce jeu se trouve à Montréal. La collecte des informations nécessaires au travail de recherche sur les détails géographiques, écologiques et historiques a donc pu se faire sur place sous la direction de Maxime Durand, affilié au Département d'Histoire de l'Université de Montréal. On ne s'étonnera donc pas si, au musée de Pointe-à-Callière « Cité d'archéologie et d'histoire de

Montréal »,

[FIGURE 16] Musée Pointe-à-Callière « Cité d'archéologie et d'histoire de Montréal », document de l'auteur. Tous droits réservés.

lorsque l'on visite la partie consacrée au peuplement amérindien de la région, on retrouve, sous le label « vie iroquoise » très exactement la maquette du type de village

Mohawk tel que restitué dans le jeu (les Mohawks constituent une des six Nations iroquoises) :

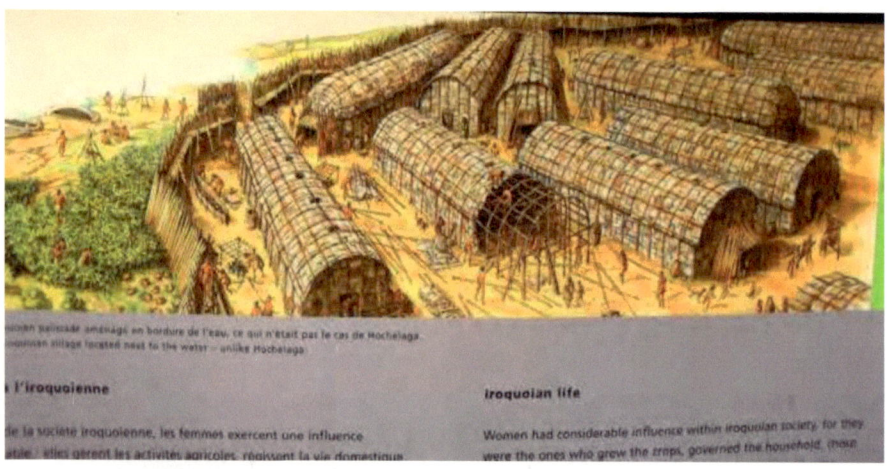

[FIGURE 17] Musée Pointe-à-Callière « Cité d'archéologie et d'histoire de Montréal », document de l'auteur. © Musée Pointe-à-Callière. Tous droits réservés.

Ce parti pris de « vérité » informative encodée dans l'arcature informatique que tissent les différents réseaux algorithmiques qui gouvernent le domaine du quotidien réaliste du jeu, favorise la perception élémentaire du joueur selon laquelle il se trouve sereinement confiné dans l'imaginaire de l'action. Mais l'univers clos du jeu articulé par les propositions en équation des algorithmes n'est pas seulement un parti pris esthétique, il est aussi *agentiel*. Comme tapisserie englobante du métavers, le simulacre visuel semble simplement respecter esthétiquement la règle du rendu historique hyperréaliste ; à cette enveloppe du simulacre graphique s'attache toutefois un impératif actanciel autoritaire directement commandé par la ligne stratégique du scénario. Quel que soit le décor imposé par le thème historique de la période choisie pour l'épisode d'*Assassin's Creed*, les éléments des superstructures visuelles vont assujettir le joueur à se soumettre au scénario primordial qui veut que le joueur, par la procuration de son Avatar, engage sa vie dans le dualisme antagoniste ancestral qui oppose la « Fraternité des Assassins » à l' « Ordre des Templiers ». Ainsi, dans *Assassin's Creed III,* la restitution numérique précise du type d'habitat utilisé dans les villages Mohawk, n'est pas simplement là pour faire vivre au joueur une immersion complète dans un métavers multimédia comme celui dont peut faire l'expérience « hautement immersive » tout visiteur du musée historique de Pointe-à-Callière, plongé dans l'oppressant univers d'un « maelström d'images et de sons » chroniquant l'évolution séculaire de la ville de Montréal.

[FIGURE 18] Musée Pointe-à-Callière « Cité d'archéologie et d'histoire de Montréal », document de l'auteur. © Musée Pointe-à-Callière. Tous droits réservés.

Dans *Assassin's Creed III* la minutie graphique déployée pour la reconstitution des détails visuels du village Mohawk sert non seulement les intérêts limités du thème historique de ce seul épisode, mais contribue également à la ligne idéologique primordiale de l'ensemble de la saga. Le village Mohawk dans sa reconstitution historique existe comme espace dramatique fondateur.

Cette superbe fiction visuelle historique, digne, dans d'autres épisodes, d'une Florence à la Renaissance ou d'un Paris au temps de la Révolution de 1789, doit être détruite pour enclencher le processus stratégique du scénario. L'attaque, l'incendie et la dévastation criminelle du village natal de l'Avatar, (le jeune métis Mohawk, Connor), le massacre de ses compagnons de jeu et la mort de sa mère, déclenchent son vif désir de revanche et l'entrainent sur les chemins de l'aventure qui le conduiront à la réalisation de son but : assassiner tous les responsables de cet acte barbare perpétré par les troupes britanniques d'occupation coloniale.

[FIGURE 19] *Assassin's Creed III* (2012). Capture d'écran © Ubisoft.

Au cours de sa quête pour ce qu'il perçoit comme

sa juste cause, Connor apprend que le responsable de cette criminelle action militaire est un général britannique, nommé Charles Lee, officier d'une violente brigade de Tuniques Rouges, accomplissant, pendant la Guerre de Sept Ans (*The French and Indian War*) des missions officielles de répression contre les Amérindiens alliés des Français. Il apprend aussi que Charles Lee est un haut dignitaire de l'Ordre des Templiers. Achilles Davenport (l'ami qu'il va rencontrer lors de son errance dans les Colonies américaines, qui lui servira de substitut de père et lui enseignera les éléments essentiels de la lutte individuelle et armée) se révèle être un membre éminent de la Fraternité des Assassins. A ce titre il lui explique tous les détails sur la nature et les codes secrets de ce groupe ainsi que les bases idéologiques qui l'opposent à l'Ordre des Templiers. Ainsi instruit, Connor met ses compétences physiques et son arsenal sacré au service d'une lutte sans merci qui a pour but premier de chasser l'Ordre des Templiers du territoire américain et, ce faisant, connaitra un double (noble) épilogue : libération les Colonies américaines du joug despotique du pouvoir colonial anglais et, en même temps, fin de l'oppression ethnique qui frappe les populations amérindiennes et droit pour ces minorités autochtones de vivre émancipées et en paix sur leurs territoires ancestraux dans une Amérique libre.

Double-jeu du simulacre numérique : le sacré biffure l'Histoire

Cette difficile imbrication réalisée entre la volonté d'exactitude du rendu graphique et les impératifs stratégiques de la fiction soutenant la « logique » narrative contraignante de l'épisode est le lieu conflictuel où se rencontre la plus grande ambiguïté dans le système du simulacre numérique. Toutes aussi nombreuses sont les critiques les plus sérieuses célébrant le choix d'une quasi-similitude visuelle exceptionnelle de l'environnement graphique du jeu que celles d'historiens déplorant les choix idéologiques gouvernant, dans cet épisode, le rendu historique qui attribue une coloration distributive entre les membres de l'Ordre et ceux de la Fraternité, ceci dès qu'il s'agit de « mettre en jeu » des personnages historiques de premier plan (Washington, Samuel Adams, La Fayette, Benjamin Franklin, etc.) à l'action politique et sociale bien documentée aussi bien que des figures secondaires mais effectivement répertoriées par les chroniques historiques (Charles Lee, William Johnson, Nicholas Biddle, etc.).

Uchronie

Certes, la ligne idéologique qui sous-tend le scénario général de cet épisode *d'Assassin's Creed* se conforme plus ou moins naturellement aux impératifs contemporains de toute production respectueuse de la bien-pensante philosophie sociale du politiquement correct : un Avatar issu d'une minorité ethnique déconsidérée et maltraitée, recueilli par des âmes charitables, justes et honnêtes, savamment éclairé sur les réalités de la vie, et disposant maintenant, lui-même, d'une conscience de justice et d'équité sociale, poursuivant les vilains qui sont responsables du crime originel qui l'a qualifié pour sa quête sacrée. Finalement, par la punition des criminels désignés, il rétablit l'équilibre d'une justice distributive qui l'acquitte de sa mission personnelle et il s'assure, au collectif, d'un mieux-être de paix, de justice et de respect pour sa communauté minoritaire originelle. Pour le joueur, les éléments révérés dans le domaine sacré enchâssé dans le périmètre impératif dessiné par la maille du faisceau serré des algorithmes, manifestent une immanente cohésion et une complète harmonie entre les conditions établies de la mission et le but ultime assigné.

L'incohérence soulignée par la critique se situe dans l'intersection entre le domaine sacré inscrit dans la matrice numérique du jeu et les éléments de l'Histoire empruntés au domaine « hors-jeu » et consciemment manipulés pour pouvoir prendre place subrepticement dans le domaine *consacré* de la logique stratégique du scénario.

Non sans un certain degré d'auto-ironie, la compagnie fondatrice, Ubisoft, laisse entendre, dès l'abord, que le statut de neutralité ingénue revendiqué par toute compagnie industrielle mérite d'être mis en doute et questionné. Auto-ironie puisque, dans la base narrative fondatrice d'*Assassin's Creed,* il y a les machinations industrielles et scientifiques louches d'une grande compagnie multinationale (Abstergo Industries ! *Ogre-* ?)

[FIGURE 20] *Assassin's Creed Valhalla* (2020). Capture d'écran © Ubisoft.

qui surveille les progrès de l' « Animus » dont dépend la lignée des Assassins et qui est, en fait, dans notre contemporanéité, la société écran au service stratégique et financier de l'Ordre des Templiers ; son PDG a longtemps été secrètement, depuis sa fondation, en 1937, un officier supérieur de l'Ordre ; aujourd'hui, seul un tiers des membres du Conseil d'Administration connait les liens clandestins de la compagnie avec l'Ordre. Cette mise en scène, dans les fondations du jeu, d'une méga compagnie multinationale au statut ambigu attire immédiatement l'attention sur la compagnie réelle qui a pu concevoir une telle création de fiction industrielle. Avant d'installer progressivement l'essentiel de ses opérations pour les jeux vidéo à Montréal (Québec, Canada) en 1997, Ubisoft était une compagnie familiale créée en Bretagne (1986) et enregistrée commercialement à Paris (Créteil, puis Saint-Mandé). Le double attachement géographique et génétique à la France et au Québec a immédiatement amené les critiques anglo-saxons à dénoncer ce qu'ils ont perçu comme des préjugés xénophobes antibritanniques dans la structure du scénario de *Assassin's Creed III* ; la ligne trop « française » de la part de l'Histoire dans la mécanique algorithmique du jeu a fait dire que les « *mangeurs de grenouilles* n'avaient aucune éducation historique ». D'autres commentaires portant sur le « nationalisme » de la compagnie Ubisoft ont également été formulées de la part des Canadiens qui ont considéré que le contenu même de l'ensemble de la narration historique ignorait la part des territoires canadiens dans la réalisation de la Guerre d'Indépendance américaine et donc manifestait une certaine prédisposition en faveur d'une ligne « américanocentrée » (étazunienne).

A propos plus précisément du contenu historique inclus dans les mailles du faisceau algorithmique sacro-saint du jeu, la question centrale a été posée de savoir quel est le message principal de cet épisode de la saga. Un critique de la revue *Slate*[3] a insisté sur le fait que selon lui, le but idéologique ultime de ce jeu n'était pas de glorifier la libération d'un peuple de patriotes harcelés par les impositions incessantes d'une puissance coloniale et décidant de prendre leur destin en main (un but, donc, assez conforme à la ligne de philosophie sociale proposée dans le roman original de Bartol), mais plus précisément et de manière plus conforme à une idéologie extrême contemporaine, la nécessité, au nom de l'équité ethnique, de défendre « les Amérindiens, notamment les Mohawks et les Iroquois du Nord-Est, qui assistent impuissants à l'éclosion de cette guerre de blancs sur leur territoire ».[4] L'auteur de l'article ajoute un commentaire personnel : « [Car] quel que soit le camp qui l'emportera, il est clair que les Amérindiens vont perdre ». Ce propos conclusif, toutefois, ne correspond pas à la ligne sacrée du jeu. Dans *Assassin's Creed III*, il est attendu et entendu que les travaux héroïques de l'Avatar, Connor, vont aboutir à un mieux-être des populations amérindiennes. Cette inscription algorithmique du destin, toutefois n'est pas ce que l'Histoire nous apprend, et donc l'auteur de l'article énonce son jugement critique à l'intérieur d'un discours idéologique contemporain informé par l'Histoire et par là-même désigne l'écart qui existe entre l'idéal d'équité, d'inclusion et d'accessibilité inscrite dans la matrice sacrée du régime algorithmique du jeu (le texte du scénario qui nous dit que l'action de Connor va favoriser le mieux-être des populations amérindiennes minoritaires) et ce que les connaissances historiques sur le monde et l'Histoire nous ont appris (la Guerre d'Indépendance américaine n'a pas immédiatement pris le parti des minorités ethniques et n'a pas assuré une amélioration de leur statut collectif). Comme la remarque finale de l'auteur de l'article de *Slate* le laisse effectivement entendre, le résultat des recherches historiques sur ce sujet semble même prendre le contrepied de ce discours « sacré » enchâssé dans la matrice numérique du jeu. Ce que l'Histoire nous enseigne : dès que les Treize Colonies sont devenues les États-Unis, les lois votées au Congrès ont pénalisé les minorités ethniques et leur statut a considérablement empiré, en particulier à la suite des décrets militaires signés par Washington en faveur d'une Légion des États-Unis contre la Confédération des tribus amérindiennes et ses ordonnances sur le déplacement et réclusion des tribus amérindiennes dans des zones de « réserves » sur le modèle institué par le traité de Greenville. Le thème d'un Washington politiquement ambigu (flottant entre membre de la Fraternité et secrètement affilié aux Templiers) existe dans la matrice algorithmique de *Assassin's Creed III*, en particulier en raison de son ambivalence à l'égard des intérêts des minorités ethniques et Connor formule un moment le désir de l'assassiner. Dans la mécanique algorithmique d'*Assassin's Creed III,* l'ambiguïté de la personnalité de Washington est si palpable, que, fin 2012, Ubisoft sort une séquelle (DLC -- *downloadable content*) intitulée *La Tyrannie du Roi Washington* dans laquelle Washington prend le pouvoir et s'autoproclame « Roi d'Amérique ». Comme s'il agissait là de se confronter à un simple autocrate Templier, le jeu consiste donc, pour le joueur, à faire campagne contre ce despote, à contrecarrer ses projets tyranniques et à le conduire à la destitution.

Dans cette version auxiliaire, le domaine sacré du jeu nous fait entrer de plain-pied dans le domaine de l'uchronie (*alternate history*). Le prétexte historique du jeu est effectivement le document historique selon lequel le Congrès américain a proposé à Washington le titre de « Roi » ou d'« Empereur », mais les chroniques historiques nous apprennent aussi qu'il a refusé ce titre préférant faire des États-Unis une République et, la campagne militaire pour l'Indépendance étant terminée, il s'est retiré sur ses terres de Virginie. Avec cette séquelle, *Assassin's Creed : La Tyrannie du Roi Washington*, il s'agit donc d'un jeu nettement inscrit dans l'histoire-fiction : « *imaginez ce qui aurait pu être si...* ». Le scénario de cette courte séquelle se place entièrement dans le mode de l'éventualité temporelle et imagine dans son ensemble ce qui aurait pu arriver si tel ou tel événement s'était vraiment produit. En contraste, la ligne stratégique du scénario d'*Assassin's Creed III* se distingue très nettement de ce type d'uchronie car, dans le cas de cet épisode de la saga, le scénario inamovible enchâssé dans la matrice numérique et arcature du domaine sacré, reste toujours dans le domaine du « vraisemblable ». Certes certains personnages sont fictifs, mais agissent dans un contexte narratif contraint qui ne s'éloigne pas de ce qui peut simplement se justifier comme une interprétation individuelle de l'Histoire (n'oublions pas que toute la saga *Assassin's Creed* repose sur l'idéologie d'une lutte individuelle et que tout « Assassin » est avant tout une [ré]incarnation de la figure immémoriale du redresseur de torts, du type « justicier solitaire » -- sa *cape* en est la marque générique !).

Contes et légendes

Le premier chapitre du roman d'Antonine Maillet, *Pélagie-la-Charrette* (1979), prix Goncourt de la même année, commence par des considérations fort captivantes sur la distinction nécessaire entre le document historique et la mémoire orale. Auteure issue du monde minoritaire de la communauté acadienne francophone au Canada, Maillet, dans ce roman, raconte l'odyssée familiale vécue par une de ses ancêtres, Pélagie, lors de son retour en Acadie avec une charrette où est entassée famille et amis depuis la plantation de Savannah (État de Géorgie, États-Unis) où elle a été transportée par les vaisseaux des troupes anglaises lors de la déportation massive des populations acadiennes connue sous le nom de « Grand Dérangement » (1755). Selon les statistiques très précises de l'époque (la comptabilité administrative anglaises dans les colonies américaines est légendaire !) plus de 18000 acadiens et acadiennes ont été déplacés des territoires acadiens vers les Treize Colonies anglaises de la côte atlantique où ils ont été mis à la disposition des colons locaux avec le statut légal officiel de *servant*. La signature du Traité de Paris (10 février 1763) met fin à la guerre de Sept Ans entre la France, l'Espagne et la Grande-Bretagne ; ce traité confirme l'élimination officielle de la présence française en Amérique du Nord à la suite de quoi tous les territoires du Québec et de l'Acadie passent sous contrôle anglais. En corollaire il est mis fin à la détention des prisonniers acadiens dans les Treize Colonies et les prisonniers qui ont survécu sont autorisés à quitter leur poste de servitude dans les campagnes et plantations. Certains partent pour les Caraïbes, d'autres pour la Louisiane et certains, comme Pélagie, décident en faveur d'un retour au pays natal. Pélagie-la-Charrette entreprend ce long voyage de retour entre la Géorgie et ses terres natales acadiennes accompagnée de quelques amis et du reste de sa famille, y compris ses enfants grandis en servitude. Puisqu'il s'agit d'une chronique familiale racontée dans la période contemporaine, dans les campagnes hivernales des territoires de la Province canadienne du Nouveau-Brunswick qui demeurent, aujourd'hui, majoritairement peuplés de francophones acadiens, le récit prend la forme d'un rapport oral communautaire lors d'une succession de veillées traditionnelles comme il en existait tant dans les temps anciens dans les communes rurales : lieu convivial de rencontres, d'échange d'informations, de récits d'événements récents ou anciens, aventures familiales, etc. Cette odyssée transaméricaine de retour au pays natal de l'ancêtre au dix-huitième siècle (1770-1780) après des années de déportation en Géorgie dans la servitude imposée par les forces britanniques, victorieuses des troupes françaises lors de la prise du Fort de Beauséjour (1755), est célébrée par tous comme une forme de revanche sur le destin tragique du peuple acadien. Le récit oral des exploits légendaires de l'ancêtre devient ainsi un contrepoids à l'histoire « officielle » anglophile qui glorifie la victoire des troupes anglaises et l'essor de la population anglophone dans les territoires canadiens originellement français. Le texte de Maillet accentue explicitement et célèbre ce type de contraste entre une Histoire écrite officielle diffusée publiquement par les vainqueurs et l'histoire des vaincus véhiculée clandestinement par la tradition orale : « Après cela, venez me dire à moi […] qu'un peuple qui ne sait pas lire ne saurait avoir d'Histoire ».[5] Maillet souligne ainsi le pouvoir mémoriel de ces soirées de veillées où se perpétue une histoire quotidienne et ordinaire, proche des intérêts immédiats des humbles oubliés ou ignorés par l'Histoire écrite obnubilée par les hauts faits des puissants et des vainqueurs. Anticipant les critiques qui peuvent être formulées à l'égard de la partie « historique » de son propre récit « littéraire », elle rappelle que le texte est une reprise d'un ensemble oral et elle reconnait que ces récits oraux sont reproduits avec des erreurs, des variantes, et des développements originaux qui peuvent s'éloigner grandement de l'authenticité des faits :

> Malgré leur propre répertoire d'aventures qui devrait constituer un patrimoine oral dont les générations à venir feraient leurs beaux dimanches, les déportés qui rentraient au pays, en cette fin de siècle, buvaient à grandes lampée les récits merveilleux des autres. […] [Il] allait verser dans ce répertoire de versions, variantes, improvisations, élucubrations de son cru qu'il est bien malaisé aujourd'hui de distinguer de l'authentique ancien.[6]

Si je cite cette référence à un texte de la francophonie atlantique qui s'interroge explicitement sur la validité des textes issus de la tradition orale locale (et bien des exemples similaires pourraient être proposés dans tout le domaine de la littérature francophone produite dans les anciennes colonies et territoires français : griot, conteur, etc.), c'est parce que cet exemple partage deux similarités narratives avec l'étude du jeu numérique *Assassin's Creed III*. J'ai signalé que certains critiques avaient dénoncé un relent de revanche ethnique enchâssé dans l'enchainement stratégique du scénario de la matrice algorithmique du jeu *Assassin's Creed III*. Le jeu a été conçu au Québec, un autre territoire anciennement français conquis par les troupes anglaises au dix-huitième siècle, et le scénario exhibe et dénonce les exactions commises par les Tuniques Rouges et célèbre l'exploit légendaire d'un Avatar né dans la population des Premières Nations et contribuant à l'extinction de l'hégémonie des Britanniques sur les territoires américains, ceci en s'engageant activement, aux côtés des Patriotes et de Washington, dans une guerre farouche qui conduit à la victoire et à l'Indépendance des États-Unis. Ce sentiment de revanche secrètement glissé dans l'espace sacré de la matrice numérique du jeu est le secret de Polichinelle subrepticement soupçonné à propos d'*Assassin's Creed III*, mais il est explicitement exprimé au douzième chapitre de *Pélagie-la-Charrette* qui raconte l'arrivée du convoi de charrettes des Acadiens à Philadelphie en 1776. On y voit les rescapés des camps de labeur de Géorgie, bras dessus, bras dessous, célébrer avec les « Américains » la signature de la Déclaration de l'Indépendance, et chanter en chœur avec les Patriotes : « Et merde au roi d'Angleterre / Qui nous a tous déclaré la guerre ».[7]

La seconde particularité commune à la saga *Assassin's Creed* et *Pélagie-la-Charrette*, c'est l'alliance implicite/explicite avec le monde de la tradition narrative orale. Le procédé littéraire utilisé par Maillet dans son roman repose expressément sur la fiction d'une transposition écrite d'un récit oral : ce que nous lisons c'est ce que les témoins ont raconté. Supposément cette réalisation d'une « littérature de témoignage », a été consignée grâce à une multitude de veillées fédératrices destinées à préserver ainsi la mémoire collective qui constitue le « patrimoine » (le terme de Maillet, peut-être pas le plus approprié puisque le héros de son roman est une femme – héritage ?) de la communauté. Je l'ai indiqué, l'histoire industrielle d'Ubisoft commence dans un milieu rural de Bretagne, par excellence une terre de légendes et contes adroitement dispersées et largement popularisés en particulier dans les territoires de l'Europe celtique (le cycle du roi Arthur, la légende d'Ys, etc.). Il se trouve que l'une des premières images de marque de la compagnie associait la diffusion des informations informatiques à l'activité communautaire du conteur, maitre itinérant des veillées rurales.

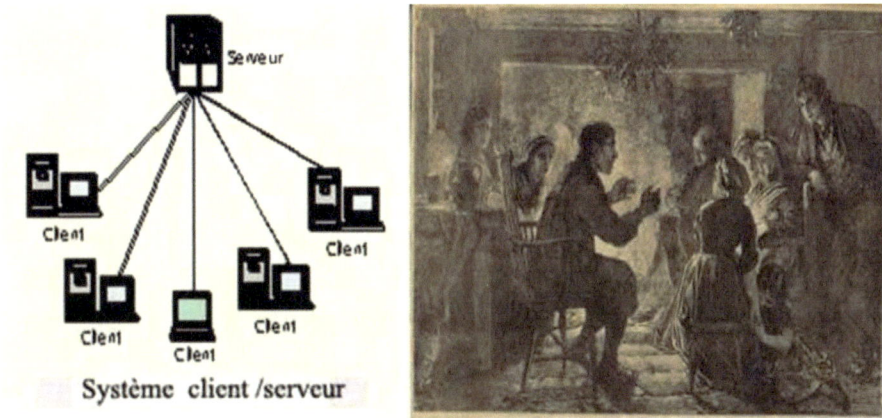

[FIGURE 21] Documents d'archive de l'auteur © Ubisoft. All rights reserved, tous droits réservés.

Ainsi comprise, l'analogie occulte qui existe entre le domaine oral du conteur et le domaine sacré du quotidien algorithmique du joueur d'*Assassin's Creed* peut utilement élucider les limites et contradictions de la ferveur qui s'attache au culte de cette passion ludique. Le simulacre de réalité basé sur l'hyperréalisme graphique (numérique) consacré à la reconstitution d'un univers réel et l'univers clos et fini des contraintes régissant les algorithmes contrôlant le bon déroulement de la ligne narrative des scénarios, donne au quotidien du joueur un sens exceptionnel de familiarité sécurisante comme ce fut sans doute le cas lors de ces assemblées conviviales où l'on se sent « entre nous » prêts à partager l'intimité sacrée de nos passions, espoirs et petites histoires.

Conclusion

Contradiction ontologique

Après un certain temps d'apprentissage le joueur est « dans son monde », les modalités ludiques lui deviennent une seconde nature et il « fait corps » avec l'univers des règles algorithmiques dont il dépend pour sa « survie » et sa victoire. De cette expertise découle une (fausse) assurance qui lui donne l'illusion d'une capacité à surmonter tous les aléas « surnaturels » qui pourraient intervenir pour mettre en danger sa compétence soutenue d'agent maître de la destinée déterminée par le périmètre sacré tracé par la tresse serrée des algorithmes. Cette aliénation fondamentale consiste bien naturellement à se soumettre au but final imposé par le scénario même du jeu, mais dans les multiples séquences du déroulement du jeu, à chaque défi actantiel rencontré, il faut utiliser sa connaissance intime des obstacles présentés par l'algorithme pour passer à l'étape suivante. Face à ce défi et à la possibilité d'échec qui force à en rester-là jusqu'à ce que la bonne solution soit trouvée, il y a la tentation de « tricher », de profaner l'espace sacré en choisissant simplement de contourner la difficulté. Ce manque de respect vis-à-vis de la noblesse orthodoxe du jeu, n'est pas rare. L'excuse habituelle à ce manquement à la profession de foi du joueur, son « Credo (*Creed*) », est généralement exprimée par l'expression anglaise « *gaming the system* ». La justification avancée consiste à insister sur le fait que toute triche repose sur une compréhension supérieure et immanente des mécanismes algorithmiques qui permet au joueur d'utiliser le tressage compliqué du système numérique pour « inventer » une solution parallèle à celle prévue par l'algorithme de base de telle sorte que la solution est trouvée dans le système même du jeu, mais en se jouant des possibilités globalement offertes sans se soumettre ouvertement à la solution prescrite par la logique de l'algorithme gouvernant l'obstacle et désignant son unique solution validée. Valoriser cette conduite palliative, plutôt que punir le « péché » d'enfreindre une inflexible confession de foi est bien connu des spécialistes des littératures à contraintes, puisqu'une multitude d'auteurs, disciples de ce type d'écriture, reconnaissent la légitimité du « clinamen » comme solution acceptable à toute transgression touchant l'abandon momentané d'une contrainte imposée. La pratique valorisante de « gaming the system » est ainsi devenue un procédé détourné si parfaitement acceptable qu'elle a donné naissance à toute une industrie florissante du « fafiot » (*cheatsheet*) et chaque nouvelle installation d'*Assassin's Creed* (comme pour la plupart des jeux vidéo) entraine la publication d'un nouveau livre qui détaille les solutions possibles des parades destinées à contourner les difficultés inscrites dans les modalités algorithmiques du jeu. Cette expertise acquise à contourner les modalités explicites du jeu, néanmoins, n'enfreint pas la soumission au sémantisme contraint gérant les règles du jeu, ne permet nullement au joueur de s'affranchir totalement des mesures imposées, maintenant intériorisées. L'intégralité narrative du jeu s'exerce donc *toujours* dans une authenticité algorithmique intégrale. Même lorsque les contraintes ludiques sont « gauchies », le joueur ne peut pas échapper à la rigueur des impératifs algorithmiques. Comme toute célébration ritualisée, si le joueur doit perdre, il doit subir ce sort selon les principes inscrits dans le code des algorithmes prescrits. De ce simple point de vue de mécanique sémantique, la philosophie immanente du jeu s'oppose à l'idéologie proclamée et inscrite dans le « crédo » au cœur du scénario fondateur d'*Assassin's Creed* . La glorification de l'idéal de liberté collective héritée du roman fondateur de Bartol est contredite radicalement par la nécessité, pour « vaincre », de pleine soumission stipulée par la matrice algorithmique qui impose au joueur individuel une aliénation totale aux règles collectives imposées.

Histoire aléatoire

La subordination totale aux principes régulateurs inscrits dans la matrice algorithmique réduit toute possibilité de hasard. De ce point de vue toute éventualité sémantique d'une narration « dénarrée » (« que peut-il se passer si l'on suit un fil narratif ébauché mais jamais complété… ») est impossible dans une chronique historique gérée par un ensemble numérique fini et clos. Le sens de tout événement historique inscrit dans le scénario est préalablement institué dans des limites prescrites du jeu (l'événement auquel l'Avatar du joueur est impliqué ira dans le sens demandé par la dynamique orthodoxe du scénario ou il « perdra »). La résolution d'un événement historique au moment où il se produit est incertaine ; cette dimension aléatoire essentielle de l'Histoire est formellement proscrite par la nature algorithmique de la simulation historique : tout est déjà écrit. Le respect pour l'Histoire tel que constituée dans les documents scientifiques demeure donc, vu dans la perspective d'*Assassin's Creed*, largement dans le domaine cosmétique de la création visuelle. Les algorithmes intègrent avec talent et précision une partie sélective du savoir officiel mais choisissent avec beaucoup de soin ce qui stimule le simulacre par son coté spectaculaire. Ce choix spécifique de l'information dans le vaste domaine des données disponibles, la préférence pour le détail exotique au détriment d'un point de vue global et analytique est exactement ce qui place le jeu vidéo de ce type du coté de la fiction dans le domaine occupé en littérature par la catégorie occupée par les contes et légendes. Plus spécifiquement, bloquée irrémédiablement, pour le domaine historique, dans l'inévitable narration du scénario algorithmique prescrit, c'est seulement dans le domaine de la capacité numérique offerte par les algorithmes produisant le rendu visuel, que la série *Assassin's Creed* peut s' « aventurer » au-delà du document, dans le domaine spéculatif des « mondes possibles », c'est-à-dire dans le domaine propre du mythe.

Dans les années récentes Ubisoft a accentué cette dimension inventive de l'histoire et donc s'est attaché à pallier toute forme de conduite historique aléatoire dans la matrice algorithmique de ses jeux, grâce à la conception virtuelle d'éléments historiques visuel possibles. La capacité exceptionnelle des moyens de reconstitution visuelle développée par Ubisoft dans le domaine de restitution de l'Histoire s'engage donc maintenant dans le domaine paradoxal du mythe en proposant des « hauts-lieux » historiques mythiques qui « ont pu exister ». Le développement remarquable de cette nouvelle avancée dans l'écriture numérique du genre « *fantasy* histoire », c'est que ces créations algorithmiques toutes artificielles et ouvertement immatérielles trouvent maintenant place… dans des musées, aux côtés des artéfacts historiques dument authentifiés par des quarterons d'experts. Ainsi récemment, la prestigieuse British Library, pour son exposition consacrée, depuis le mois d'octobre 2022, à Alexandre le Grand, accueille dans ses galeries, au milieu des reliques bien matérielles, une installation numérique de la tombe d'Alexandre le Grand, dessinée par Jean-Claude Golvin pour *Assassin's Creed : Origins*. La notice officielle indique bien que, comme la tombe n'a jamais été retrouvée, l'installation présentée constitue une « interprétation possible » de ce qu'était la tombe d'Alexandre.[8] Faut-il vraiment s'étonner si le titre de l'exposition élimine la dimension historique de ce roi de Macédoine et le situe immédiatement dans le simulacre de la légende : *Alexander the Great: The Making of a Myth* ?

NOTES

[1] Mircea Eliade, *La nostalgie des origines* (Paris : Gallimard, 1971), 8.

[2] Jean Baudrillard, *Simulacra and Simulation* (Ann Arbor: The University of Michigan Press, 2011), 123.

[3] *Slate*, webzine publié par le Slate Group, une compagnie affiliée au groupe financier Graham Holdings basé en Australie, Singapour, Angleterre et États-Unis. Il existe une version en anglais (https://slate.com/) et une en français (https://www.slate.fr/). Les deux versions du webzine couvrent régulièrement, dans une rubrique spéciale, l'actualité des jeux vidéo.

[4] Erik Sofge, « The American Revolution: The Game", *Slate*, 26 octobre 2012, https://slate.com/technology/2012/10/assassins-creed-iii-is-a-thrilling-hyperdetailed-journey-to-the-colonial-era-there-are-also-aliens.html (consulté le 16 décembre 2022).

[5] Antonine Maillet, *Pélagie-la-Charrette* (Paris: Grasset, 1979), 18.

[6] *Ibid.*, 94-95.

[7] *Ibid.*, 223.

[8] https://news.ubisoft.com/en-gb/article/4NXZclyvIlERbp0rw1CCDL/assassins-creed-partners-with-british-library-for-alexander-the-great-exhibition (consulté le 15 décembre 2022).

Kim Sacks
Université de Strasbourg

Du traitement machinique de la pensée et de l'épuisement algorithmique des combinaisons

La locution *machine learning* est entrée dans le langage courant des sciences de l'information et de la communication ; elle qualifie le procédé selon lequel une machine traite automatiquement de l'information qui lui est externe afin de produire des modèles. Ce mécanisme s'appuie sur l'idée qu'un traitement algorithmique permettrait de réduire les choses à leur essence et d'en extraire les structures abstraites de la connaissance.

Il est coutume d'avancer que la note G d'Ada Lovelace constitue la première formalisation mathématique d'un traitement algorithmique, et d'attribuer à Alan Turing la paternité de l'intelligence artificielle. Bien que leurs rôles respectifs soient absolument décisifs dans l'informatique contemporaine, le traitement de l'information par une méthode combinatoire s'impose dès le XIIIe siècle notamment dans les travaux de Ramon Llull, philosophe, mystique et théologien catalan dont les travaux inspireront fortement, entre autres, *De arte combinatoria* de Gottfried Wilhelm Leibniz publié en 1666 et les œuvres de George Boole[1]. L'enjeu central de ces travaux est un système de modélisation combinatoire de la pensée par l'épuisement des combinaisons de concepts essentiels. Comme le note Anthony Bonner à propos de Llull, cette modélisation laisse envisager un traitement systématique de l'information :

> De plus, comme il le souligne, cela permet de le faire systématiquement à travers tout l'alphabet. Ceci est important, car l'une des façons dont Llull concevait son Art comme « général » était précisément dans sa capacité à explorer toutes les combinaisons possibles de ses composantes.[2]

En partant du postulat qu'une modélisation exhaustive de la pensée est possible, il devient alors envisageable pour Llull de construire une machine logique, autrement dit, une machine capable de mécaniser les structures du raisonnement. Cette machine *pensante* affirme ou infirme toutes propositions par le biais de combinaisons conceptuelles et mécanise l'apprentissage : le dispositif permettrait *objectivement* de convaincre et d'appliquer un modèle de pensée. La fabrication du mécanisme traduit chez Ramon Llull une algorithmie de la conviction théologique, le but étant de convertir au christianisme les personnes d'autres confessions ; les machines objectivent la pensée par l'épuisement mécanique du raisonnement logique. Comme nous le verrons, cette argumentation trouve inévitablement un écho flagrant dans la littérature critique abordant les technologies contemporaines comme des instruments de manipulation intellectuelle et idéologique, notamment chez McKenzie Wark ou Shoshana Zuboff.

En nous appuyant sur une analyse philosophique des enjeux et limites de la machine de Ramon Llull, notre contribution se propose d'étudier les relations entre les mécanismes logiques (chez Llull, Leibniz, W.V. Quine et Boole) et les logiques des algorithmes contemporains. Voir entre autres, l'implémentation d'arbres de décisions dans les moteurs de traitement linguistique syntaxique, essentiels pour ce qu'il convient d'appeler *machine learning*. Nous nous attacherons à traiter des conséquences d'une modélisation combinatoire de la connaissance lorsque celle-ci constitue le socle technique des *vecteurs de l'information* et des *technologies persuasives*. Ce texte n'a pas vocation à traiter de façon exhaustive de la philosophie et de la combinatoire, mais plutôt d'éclairer quelques problématiques contemporaines de la relation des machines et quelque chose de l'ordre de la digitalisation de la pensée et sa calculabilité subséquente.

I Enjeux et limites de la logique combinatoire

Comme le suggère Ton Sales à propos de Ramon Llull, explorer la pensée humaine ainsi que la logique par le biais de règles et de procédures implique des systèmes symboliques. « De même que Boole plus tard, Llull croyait fermement que la pensée humaine (le raisonnement logique) pouvait faire l'objet d'un traitement symbolique, de procédures unifiées et d'un suivi et d'un contrôle objectifs. »[3] L'idée qui hante les travaux de Llull, et plus tard ceux de George Boole, est celle de l'étude des lois fondamentales de la pensée humaine ; l'hypothèse de Boole est qu'il serait possible de formaliser la pensée, d'en extraire les règles de manipulation de concepts et de les exprimer via l'algèbre[4]. Pour ce faire, un système symbolique permettrait le traitement *algorithmique* de la pensée. Llull proposait quelque chose du même ordre tout en suggérant qu'il serait nécessaire de restreindre la pensée à un nombre fini de concepts fondamentaux afin d'articuler les règles de la pensée avec une formalisation de la logique pour parvenir à un traitement objectif.

Pour nous intéresser à la calculabilité de la pensée, il nous faut d'abord regarder comment s'articule la logique et le langage. Les pionniers de l'art dit informatique ont très vite perçu le potentiel permutationnel et combinatoire des machines : au sein du bureau d'Oulipo va se diffuser, dès 1963, la seconde version du manifeste de l'art permutationnel d'Abraham Moles[5]. Ce document, même s'il n'est en aucun cas le premier à attester d'une relation intriquée entre les formes de représentations, leurs systèmes de signes et les mathématiques, démontre une ferme volonté de formaliser l'usage de méthodologies rigoureuses. Ces dernières explorent les enjeux de la configuration et de l'agencement des formes et des objets selon des règles préétablies. Or, lorsque nous parlons de l'exécution de règles préétablies, nous parlons bien d'algorithmie et de programmatique.

Définissons quelques-uns de nos termes. Tout d'abord, nous nous appuyons sur la définition de l'algorithme que nous propose Donald Knuth dans les premières pages de son ouvrage de référence, dont il fait remonter les origines bien au-delà des ordinateurs[6]. L'auteur le rapproche, non sans réserve, de la recette de cuisine, de quelque chose de l'ordre d'une méthode qui porte avec elle une règle strictement définie par des étapes d'exécution.

> Voici donc un algorithme. Le sens moderne d'algorithme est assez similaire à celui de *recette, processus, méthode, technique, procédure, routine, galimatias*, sauf que le mot "algorithme" a une connotation un peu différente. En plus d'être simplement un ensemble fini de règles qui donne une séquence d'opérations pour résoudre un type spécifique de problème, un algorithme a cinq caractéristiques importantes : 1) Finitude. [...] 2) Caractère définitif. [...] 3) Entrée. 4) Sortie. [...] 5) Efficacité.[7]

Cette définition n'est donc pas strictement mathématique, mais entre bien dans le contexte de l'organisation d'une pensée faite de causalités, d'inférences et de déductions. Nous proposons d'en souligner deux implications qui nous semblent particulièrement pertinentes pour notre argumentation : le systématisme et l'automatisme. En effet, une machine exécutant un algorithme par le traitement d'un système de signes permet, du fait de la réduction à une procédure abstraite, un traitement automatique et systématique de toutes les combinaisons. Par extension, si cette hypothèse s'impose dans son application à des chiffres, elle pourrait en outre être applicable à n'importe quel système de signes, comme le langage lui-même, du moins en théorie.

Lorsque Jorge Luis Borges reprend l'idée d'une bibliothèque universelle dans sa nouvelle *La Bibliothèque de Babel*[8], il met en évidence l'hypothèse de l'existence théorique d'une bibliothèque qui contiendrait une infinité de livres. Dès les premières lignes du texte, la finitude de cette bibliothèque soulève des interrogations : si les signes sont numériquement limités et que la page est définie en espace potentiel, alors le nombre de livres n'est en rien infini. En commentaire de cette définition de la bibliothèque universelle, le mathématicien W.V. Quine ajoute :

> Il est tout de même intéressant que la collection soit limitée. La vérité entière et ultime sur toute chose est imprimée en entier dans cette bibliothèque, après tout, dans la mesure où elle peut être mise en mots.[9]

Il est important de noter que lorsque nous traitons de la question des combinaisons, nous traitons principalement de la question du potentiel, à savoir non pas une réalité effective de l'épuisement d'un nombre fini de combinaisons mais bien de la virtualité. Bien entendu, ce sujet est au cœur de la question de la *littérature potentielle* et au centre des mises en question de l'Oulipo. S'il ne faut citer qu'un exemple déjà éminemment étudié, nous nous tournons vers Raymond Queneau et son célèbre *Cent mille milliards de poèmes* de 1961. Pour l'auteur, l'enjeu n'est pas d'offrir à son lectorat un épuisement strict de toutes les combinaisons mais bien de lui donner le cadre formel qui définit l'épuisement potentiel des combinaisons[10]. Pour qu'il y ait combinatoire, il faut répondre à deux conditions : d'une part être en présence d'une collection finie, et d'autre part avoir une unité de base insécable. En ce sens, l'unité de base pour Queneau est le vers sur la languette et la collection finie se compose de dix feuillets de quatorze languettes, soit 10^{14} combinaisons potentielles.

Or, dans les conditions contemporaines de l'informatique, le potentiel combinatoire du traitement machinique s'étend à tout ce qui fait information et pas simplement les mots : les images sont également des collections finies de pixels. Certaines œuvres plasticiennes ne sont pas étrangères à l'exploration de l'épuisement des potentiels. Elles traduisent les enjeux syntaxiques de la combinatoire dans le champ de la production visuel. Si nous prenons l'œuvre de John F. Simon Jr., *Every Icon* de 1997, nous y voyons une réalisation technique d'un épuisement de toutes les combinaisons potentielles de pixels (unité de base) sur une grille (ensemble fini de 32x32 pixels)[11]. Notons en outre que cette idée peut être étendue à d'autres formes techniques, comme exposée dans l'œuvre *The End* de Jim Campbell de 1996 (sur une grille de diodes électroluminescentes), ou encore dans le projet d'extension de la bibliothèque universelle, *Library of Babel* et *Babel Image Archives*, de Jonathan Basile[12]. Ces différents exemples nous suggèrent une problématique similaire : que reste-t-il si la computation permet d'automatiser l'épuisement exhaustif des possibles ? Rien, comme le suggère le titre de l'œuvre de Campbell ? Pourtant, ici une distinction importante s'opère et les œuvres n'offrent pas tout à fait la même expérience à l'usage ; en effet, dans son œuvre Simon Jr. souligne le fait qu'un algorithme peut être programmé pour épuiser tous les possibles de façon strictement exhaustive mais que la méthode dite de *brute force* ne révèle rien à l'entendement humain. Dans le cas de *Cent mille milliards de poèmes*, c'est la lecture qui donne le sens à la combinaison, non sans une pointe d'ironie ; l'objet-livre n'offre pas l'épuisement exhaustif par l'automatisation, il l'offre en potentiel à l'usage.

Un des enjeux centraux de la question de la combinatoire est donc celle de la finitude dans un espace limité. Si la définition de cet espace n'est pas nécessairement immuable, il demeure que c'est celle-ci qui encadre l'espace de l'épuisement potentiel. Autrement dit, les 10^{14} poèmes de Queneau ne sont en rien une valeur absolue vis-à-vis de la poésie mais bien une limite dans un espace prédéfini par l'objet[13]. Ce qui permet la production d'un poème extrait de l'ensemble des possibles est la combinaison de languettes, leurs configurations, leurs agencements. Pourtant, cette limite n'est en rien déterminée par le contenu de la languette ; tous les espaces finis composés de la sorte ont le même potentiel de 10^{14} combinaisons. Le langage y joue un rôle quasi secondaire : la sémantique ne s'offre ici que pour le lectorat qui perçoit dans l'objet-livre une sorte d'algorithme qui génère, à partir d'un corpus prédéterminé, un poème. Ou si nous voulons être plus rigoureux, non pas ce qui génère mais ce qui fait apparaître le poème puisqu'il ne s'agit en rien d'un processus de génération *ex-nihilo* mais plutôt d'une mise au jour de quelque chose qui existe en potentiel. En ce sens, il semble que l'imaginaire de la génération machinique s'oppose à la réalité technique de l'algorithmie. Les points que nous soulevons ici au sujet de la poésie sont applicables à la question de l'image digitale.

Il faut donc, une nouvelle fois, distinguer entre deux éléments ; d'une part, la combinatoire en tant que telle, autrement dit le processus qui permet les différents agencements potentiels d'éléments dans un ensemble fini, et d'autre part, ce que produisent ces agencements. Prenons le texte ; le texte s'appuie sur une langue, qui elle-même dépend d'un alphabet – un ensemble dont l'unité graphique est le graphème. Un alphabet est bien défini comme un ensemble fini de caractères, 26 pour l'alphabet latin, 22 pour l'hébreu, 28 pour l'arabe etc. Les joueurs de Scrabble l'ont bien compris, il n'existe qu'un nombre fini de combinaisons (et donc de mots) pour un nombre donné de lettres, comme par exemple, 1 lettre équivaut à 26 possibilités, 2 lettres à 676 etc. Sauf que, bien entendu, toutes ces combinaisons ne sont pas des mots qui ont du sens. L'action de combiner et de reconnaître une combinaison sémantiquement convenable n'y est ni automatique ni systématique. Pourtant, d'un point de vue de la combinaison, la syntaxe est strictement correcte. C'est en outre ce que soutient Noam Chomsky au fondement de la grammaire générative, notamment dans les *Syntactic Structures* de 1957 ; l'ordre des mots dans une phrase peut-être grammaticalement correct même si la sémantique ne fait aucun sens, voire tend vers l'absurde. Même si ce n'est pas directement le propos de cet essai, regardons l'opposition que fait Chomsky à la définition de la grammaire comme des combinaisons dans des espaces finis[14] ; à titre d'exemple, la structure de la phrase suivante qui d'un point de vue syntaxique est convenable, illustre les distinctions entre grammaire, syntaxe et sémantique : « Colorless green ideas sleep furiously. »[15] Les différents agencements des mots peuvent ou non provoquer du sens. Au même titre, les différentes combinaisons de pixels peuvent ou non donner lieu à une image reconnaissable, ou laisser place à un amas informe de pixels, du bruit. Pour Ramon Llull, la réduction de la vérité à une liste limitée de concepts fondamentaux permet son traitement objectif. C'est la réduction à des groupes d'éléments permutables qui permet d'envisager le potentiel combinatoire de l'algorithmie et par extension, des idées par le biais des mots ; la combinatoire pourrait, en toutes hypothèses, être un procédé pour rendre la pensée computable.

Avançons l'hypothèse que la composante relationnelle entre les éléments d'un ensemble fini en définit ses limites. Autrement dit, si les différentes combinaisons potentielles sont limitées en nombre, il est alors concevable de penser le langage comme un espace discret, même si la sémantique s'en abstrait. En raisonnant de la sorte, cette logique pourrait s'étendre à celle de la connaissance : celle-ci pourrait se réduire, à partir d'un nombre prédéfini de concepts fondamentaux, à un ensemble discret. Ce principe qui dirige les travaux de Ramon Llull n'aboutit pas à la production d'un système de logique formelle. Plutôt, il s'agit d'élaborer un système de modélisation combinatoire de la pensée à partir de la combinaison de concepts essentiels, symbolisés par des lettres dont le fonctionnement repose sur des tableaux de combinaisons et des cercles de relations entres les concepts. Comme le note Anthony Bonner :

> Ces lettres, cependant, représentent des constantes et non des variables comme c'est le cas en logique formelle depuis l'époque d'Aristote. L'Art en tant que système, en fait, n'a rien à voir avec la logique formelle. On pourrait peut-être le considérer comme

une sorte de logique matérielle, bien qu'il soit probablement préférable de le traiter comme une tout autre espèce. Llull lui-même a été très clair à ce sujet, le différenciant clairement de la logique et de la métaphysique.[16]

L'articulation entre la logique formelle et le projet de Ramon Llull n'est pas strictement de l'ordre de la filiation philosophique. Il tentera de se démarquer de la logique des prédicats aristotélicienne comme le démontre avec finesse l'analyse d'Anthony Bonner[17]. Le passage pour Ramon Llull d'une forme de logique combinatoire et générative à une autre forme de logique, fondée dans une argumentation syllogistique, arrive tardivement dans sa vie ; ce point nous semble particulièrement important puisque l'entrée de l'ontologie dans le répertoire académique de Llull supplante quelque peu la problématique de la mécanisation. C'est donc de la nature même des prémisses que posent l'auteur qu'il faut discuter. Entre les lignes, il s'agit aussi de penser le monde, à la fois sa mystique et sa matérialité, comme la résultante d'une structure logique et répondant aux règles prescrites, et donc, programmatiques[18]. La tentative de Ramon Llull est celle d'un déplacement de la question d'une logique linguistique et de la sémiotique vers celle de leurs possibles objectivations et mécanisations.

II Implémentation et syntaxe

Si, comme nous l'avons étudié jusqu'à maintenant, il est envisageable d'appréhender le langage par le biais de la combinatoire, il nous faut expliquer l'extension possible à ce qui fait la computation dans le monde contemporain. Revenons quelques instants sur l'articulation que nous soulevions plus haut, de Quine, de Babel et l'invitation au raisonnement suivant : si l'on peut réduire tous les livres à des entités quantifiables et limitées en nombre, nous pourrions la réduire encore davantage, par exemple par le biais du code morse, pour exprimer en potentiel l'intégralité de toutes les idées de l'univers :

L'absurdité ultime nous saute aux yeux : une bibliothèque universelle composée de deux volumes, l'un contenant un seul point et l'autre un tiret. La répétition et l'alternance persistantes des deux sont suffisantes, nous le savons bien, pour épeler toute vérité. Le miracle de la bibliothèque finie mais universelle n'est qu'une inflation du miracle de la notation binaire : tout ce qui vaut la peine d'être dit, et tout le reste aussi, peut être dit avec deux caractères. C'est une déconvenue digne du Magicien d'Oz, mais cela a été une bénédiction pour les ordinateurs.[19]

La critique de Quine soulève quelques points qui nous semblent essentiels. En premier lieu, pour l'auteur, la réduction par un système de signes restreints ne limite en rien son potentiel combinatoire, au contraire ; en théorie, nous pourrions réduire le système de signes au strict minimum, soit deux signes à l'instar du morse, et nous aurions deux objets qui par la permutation et la combinaison pourrait *tout* produire. Ensuite, que cette réduction n'est autre que celle qui a permis la mise en œuvre de la logique booléenne et son implémentation dans les architectures de la quasi-totalité de nos machines contemporaines. Ici, la référence à l'universalité de la bibliothèque nous fait inévitablement penser à la définition du binaire formulée par George Boole, pour laquelle il emploie la terminologie *rien* et *univers* en lieu et place du *zéro* et du *un*[20]. L'idée qui domine l'informatique contemporaine est toujours celle portée par Boole, à savoir, une manipulation de concepts par le biais de systèmes de signes extrêmement restreints et traitables par des règles mathématiques mécanisables.

> [...] le succès de l'innovation de Boole est dû en grande partie à sa capacité à conjuguer les deux types de calcul illustrés dans les travaux de Llull et de Leibniz : le calcul en tant que manipulation de concepts basée sur des règles et le calcul en tant que calcul arithmétique.[21]

Boole, dont il n'est pas la peine de rappeler l'influence pour le développement de l'algèbre binaire, proposera la réduction à l'unité de base la plus élémentaire. Ce faisant, il semble proposer une convergence notable entre les travaux de Llull (sur la manipulation de concept par la combinatoire) et ceux de Leibniz (sur l'association arithmétique).

> Les algèbres de Boole peuvent être considérées comme une synthèse des idées de Llull, qui traitait les concepts de manière extensionnelle (en parlant de manière anachronique) mais sans exploiter aucun outil arithmétique, et de Leibniz, qui voyait l'utilité d'associer les propriétés arithmétiques aux

intentions, mais qui allait trop loin dans l'autre sens en essayant de faire correspondre les propriétés arithmétiques directement aux propriétés des intentions.[22]

Il convient de souligner quelques aspects techniques de l'électronique de nos machines contemporaines : au cœur de la computation, nous nous appuyons sur ce que l'on nomme des *combination logic circuits*. En d'autres termes, il s'agit d'agencements de circuits de portes logiques. Ces dernières sont des implémentations techniques de la logique booléenne ; elles permettent de laisser passer un courant électrique uniquement sous certaines conditions matérielles. Ce qui compte pour la machine est l'état du courant (haut ou bas) et c'est à partir de là que l'on peut penser le codage de l'information[23]. La conséquence de cette implémentation technique est qu'il possible de : 1) donner à l'état du courant (haut ou bas), son équivalent en logique des prédicats (vrai ou faux) et 2) matérialiser des connecteurs logiques via des agencements de portes logiques. Cette implémentation permet la mise en œuvre machinique des opérateurs logiques : la négation par la porte logique NOT, la conjonction AND, la disjonction OR, etc. Ainsi, lors de l'étude d'une table de vérité associée à une porte logique, il convient d'épuiser toutes les combinaisons des valeurs d'entrée, qu'il s'agisse de binaire ou de valeurs de vérité des prédicats.

A	B	AND
FAUX	FAUX	**FAUX**
FAUX	VRAI	**FAUX**
VRAI	FAUX	**FAUX**
VRAI	VRAI	**VRAI**

En outre, l'agencement de plusieurs connecteurs logiques permet d'ouvrir l'informatique à la mise en place d'un système de logique de plus en plus complexe, et proche des logiques de raisonnement. En rapprochant ces tables de vérité avec les tables de combinaisons de concepts de Llull, il devient assez clair que l'idée de la réduction à un système mécanisé de la logique permettrait en théorie d'étendre, par des agencements complexes, la computation à *tous* les types d'information, si tant est que celle-ci repose sur un même système symbolique.

La principale force motrice de la technologie informatique est probablement la prise de conscience que toute information peut être représentée par des nombres. Cela implique que l'ordinateur, qui était jusqu'alors utilisé pour traiter des nombres, peut être utilisé pour traiter tous les types d'informations.[24]

Or, si nous acceptons l'hypothèse selon laquelle la réduction à un système symbolique minimal (le morse ou le binaire) permet en théorie de rendre possible la computation de tous les types d'information, il devient alors concevable d'envisager le glissement entre la logique combinatoire à celle d'une logique de programme. Autrement dit, à la structuration de l'information qui fait naître grâce à la permutation d'éléments décrits statiquement au préalable (comme c'est le cas dans les diagrammes de Llull) vient se substituer une logique faisant de l'information une valeur abstraite puisque celle-ci peut-être encapsulée dans des variables. Sur ce point précis, la note G de Lovelace relève bien d'une pensée algorithmique. Notons les propos de Johana Drucker :

Les diagrammes ne sont pas des substituts d'énoncés linguistiques, ni de simples représentations de connaissances formelles déjà acquises. Ce sont des systèmes génératifs composés d'éléments non ambigus qui peuvent être utilisés pour modéliser et articuler des preuves.[25]

Comment alors mettre en relation ces diagrammes, par essence combinatoires, avec les arbres de décisions, par essence procéduraux ? Il n'est pas nécessaire de revenir amplement sur l'arbre de la connaissance comme système graphique, au sujet duquel Drucker consacre une analyse détaillée et complète[26]. Reprenons simplement l'importante hypothèse qu'elle émet : elle sépare les graphes du types arbres (dont celui de la connaissance) de ce qu'elle appelle les *knowledge generator*, soit les générateurs de connaissance. Et c'est dans cette seconde catégorie qu'elle inscrit les travaux de Llull. « Contrairement aux arbres, les générateurs de connaissances sont des combinatoires. »[27] Les arbres sont hiérarchiques, alors que les diagrammes sont combinatoires. Ils ne permettent pas de permutations. Malgré l'absence notable de variables, l'agencement et l'utilisation de diagrammes mobiles de Llull font émerger quelque chose de l'ordre de la connaissance. Là où un arbre est statique, l'agencement est prédéterminé ou programmé alors que les objets de Ramon Llull proposent d'abstraire la procédure au profit d'une combinatoire qui ferait naître quelque chose de nouveau, comme la résultante de la combinaison machinique. En clair, le nombre de résultats combinatoires des diagrammes llulliens en ferait des outils de connaissance générative.

A contrario, si l'on regarde les arbres de décisions syntaxiques qui habitent nombre de nos algorithmes contemporains (notamment les moteurs de compilation), les structures de l'information correspondent peu ou prou à celles décrites par Knuth dans sa définition de leurs conditions techniques[28] ; pour qu'il y ait *arbre*, il faut nécessairement qu'il y ait *embranchement*. Sous-entendu, il existe un chemin, intellectuel et/ou technique, qui permet la navigation dans un système arborescent via des nœuds de décisions successifs et souvent exclusifs. C'est en grande partie de cette façon que sont implémentés les arbres de décisions dans les moteurs de traitement linguistique syntaxique, essentiels pour ce qu'il convient d'appeler *machine learning*. Le *machine learning* cherche simplement à rendre le processus du choix, dans un arbre, automatique.

III Modélisation de la connaissance et technologies contemporaines

L'enjeu de la modélisation de la connaissance et du *machine learning* est, semble-t-il, avant tout de pouvoir produire des machines qui rendent possible la prédiction.

> Le *machine learning* et la prédiction sont possibles parce que le monde a des régularités. Les choses dans le monde évoluent de manière régulière. Nous ne sommes pas « téléportés » du point A au point B, mais nous devons passer par une séquence de lieux intermédiaires. Les objets occupent un bloc d'espace continu dans le monde. Les points proches dans notre champ visuel appartiennent au même objet et ont donc généralement des nuances de la même couleur. Le son aussi, qu'il s'agisse d'une chanson ou d'un discours, évolue de façon continue. Les discontinuités correspondent à des frontières, et elles sont rares.[29]

Pourtant, l'idée selon laquelle les machines seraient capables de *tout* est tenace. Peut-être trouve-t-on un élément de réponse à cette question dans cette définition d'Ethem Alpaydin lorsque l'auteur avance la relation entre prédiction et implémentation technique dans un monde vraisemblablement continu. Cette continuité fait inexorablement écho au *principe de continuité* que Leibniz formule.

La machine utopique de Turing est bien une machine fantasmée. À ce titre, Minski rappelle que l'étude des machines dites universelles, même si elles n'existeront jamais puisque reposant sur de la spéculation technique à partir de registres et de mémoires infinis, demeure tout aussi importante en ce qu'elle offre une perspective sur les machines contemporaines, malgré le fait que celles-ci soient par définition limitées[30]. En revanche, l'idée qu'une prédiction dans un espace fini soit envisageable n'entre pas en contradiction avec la nature même des programmes.

> Il est certainement vrai que la *programmation* - le travail consistant à spécifier la procédure qu'un ordinateur doit exécuter - revient à déterminer à l'avance tout ce que l'ordinateur effectuera. En ce sens, le *programme* d'un ordinateur peut servir de *description précise* du processus que la machine va exécuter, et dans ce même sens, il est significatif que *tout ce qui peut être fait par un ordinateur puisse être décrit précisément.*[31]

Minsky reprend la question de la description, qu'il articule, à partir d'une analyse du texte de 1936 de Turing[32], avec le langage employé à la description. A notre sens, il remarque à juste titre que les questions associées à l'idée de l'algorithme, ou de manière équivalente à l'*effective procedure*, relèvent de la limite (ou non) de la description des processus pour délimiter les potentiels computationnels[33]. L'auteur nous invite à penser les mécanismes de traitements de règles en les formulant selon deux propositions ; la première est la définition d'un langage comme le mode d'expression déclaratif d'un jeu de règles et la seconde est l'existence d'une machine qui interprète les déclarations et exécute les étapes du processus déclaratif.

Nous retrouvons bien dans les problématiques convergentes entre celles du traitement syntaxique du langage, à la fois chez Chomsky ainsi que dans une certaine mesure chez Quine et Queneau avec celles des tentatives de mécanisation de la pensée par exécutions d'un processus déclaratif cher à Llull. Dans le cas des structures syntaxiques, les limites de la permutation pour la sémantique serait la suivante : changer l'ordre des mots dans une phrase en changerait drastiquement le sens, en conséquence, les permutations altérerait la sémantique.

Réciproquement, si les concepts sont dénombrables dans des espaces finis, et sont de fait limités à un nombre définissable de concepts, alors il devient possible (en tout cas, théoriquement) de les traiter comme des éléments d'un système combinatoire. La conséquence pour Llull est qu'il deviendrait dès lors envisageable de traiter objectivement l'articulation des concepts par la mécanisation de leur logique relationnelle. Autrement dit, les idées seraient computables même si elles ne sont pas définies dans des systèmes utopiques, à l'instar des machines universelles. Si nous reprenons l'exemple de la *Bibliothèque de Babel* de Jonathan Basile, l'implémentation permet le renversement de l'idée de l'épuisement de Borges. Ici, l'algorithme permet non pas d'épuiser toutes les combinaisons possibles mais plutôt, un peu à l'instar de Queneau, de les offrir en potentiel ; autrement dit, lorsqu'un usager effectue une recherche de page, la page est générée. La seule chose stockée en mémoire est l'algorithme qui convertit la page en une adresse, et réciproquement. Deux choses notables : 1) la question de l'infini que Quine soulève est clairement illustrée et la finitude en mémoire de Turing ne pose, pour ainsi dire, pas de problème majeur quant à la génération des pages 2) la réversibilité du programme, c'est-à-dire qu'avec le programme de Basile, il est possible de trouver une page de livre en fonction de son adresse, et/ou inversement trouver une adresse à partir d'une page de livre. Pas de magie, rien de plus qu'une fonction qui permet de convertir une adresse en page et réciproquement. La connaissance n'est dans ce cas pas le propos, elle n'est que la résultante d'une combinaison de signes et non une archive universelle.

Il faut cependant ajouter que la définition qui prévaut est celle de concepts définis intrinsèquement, et non en fonction d'un environnement. C'est-à-dire, les concepts ne sont, dans notre cas, pas définis par des choses qui les altèrent depuis l'extérieur. C'est en outre un des points de l'argumentaire sur l'incomputabilité proposé par Galloway ; celle-ci relèverait en partie d'agencements d'éléments extrinsèques, de l'ordre du relationnels, comme par exemple la stratégie du jeu de la guerre ou encore l'architecture web[34]. Nous pouvons penser qu'il s'agit en effet d'une limite de l'autonomisation du traitement de la connaissance. D'autant que le principe de contradiction ne permet pas de conjuguer deux valeurs de vérité pour une même entité. C'est en effet sur ce point que Leibniz reprend l'axiome aristotélicien et l'étend, si j'ose dire, à ce qui deviendra le cœur de la pensée de la computation en ce qu'aucun objet, du fait de son implémentation technique, ne peut être vrai et faux simultanément. Si du reste, il y avait une contradiction, cela provoquerait une erreur, du fait qu'un système de décision ne provoque pas un choix autonome en cas d'égalité de valeur de vérité. Précisons toutefois que les modèles décisionnels contemporains cherchent à contourner le problème en arbitrant les décisions par des modèles statistiques de vraisemblance ou de choix pseudo-aléatoires, comme par exemple dans le cas des voitures autonomes ou de la prédiction des pronoms au sein des moteurs de suggestions linguistiques.

IV Limites ?

Il paraît évident, qu'en l'état actuel, *tout* n'est pas calculable. Pourtant, l'idée selon laquelle la machine pourrait tout calculer reste bien présente, voire omniprésente. Et celle-ci demeure un idéal à atteindre pour les industries du numérique, malgré les limites, impliquant des implémentations techniques de plus en plus en capacité de nous donner à voir des machines qui *semblent* capables de *tout*. Ce faisant, la distinction entre l'idéal utopique de la machine universelle et la machine concrète semble s'amenuiser. Nous pouvons toutefois nous questionner, en conclusion, sur les conséquences d'une modélisation combinatoire de la connaissance lorsque celle-ci constitue le socle technique des *vecteurs de l'information* et des *technologies persuasives.*

Prenons l'exemple controversé suivant : en 2013, un article de Michal Kosinski, David Stillwell, et Thore Graepel[35] propose de considérer les *likes* sur Facebook (qui sont donc des valeurs booléennes) comme suffisants pour établir, grâce à un traitement algorithmique, des profils psychologiques d'usagers du réseau social. L'étude cherche à démontrer qu'il est techniquement possible de réduire les comportements individuels à une combinaison d'indicateurs discrets, et donc quantifiables, limités à des valeurs unaires. La controverse vient du fait que l'enjeu ici est bien de mettre en application des modèles combinatoires dans le cadre d'exploitation technologique, dans le but de constituer des profils d'usagers et de prédire, statistiquement, leurs comportements. En d'autres termes, la matrice idéologique sous-jacente est la modélisation des modes de pensée d'usagers par un traitement algorithmique, reposant, indirectement, sur les travaux des précurseurs comme ceux de Ramon Llull qui faisait des modèles combinatoires des outils de persuasion. Or, c'est bien sur ce terrain que va se déployer le scandale de Cambridge Analytica et son impact sur les élections américaines de 2016 : l'hypothèse d'une prédiction suffisamment pertinente des comportements permettrait d'identifier les profils d'usagers susceptibles d'être sujet d'un ciblage, autrement dit, d'une prédiction de comportements à venir si l'usager est soumis à un contenu incitatif. La modélisation se voit ici mise à disposition d'une persuasion, théoriquement proche de la conversion par la démonstration objective et machinique d'une logique de pensée propre aux travaux de Llull.

Terminons donc sur ces deux points. Tout d'abord, malgré les limites que nous avons soulevées, la logique combinatoire n'empêche en rien d'implémenter des systèmes de traitement prédictif. Ensuite, en partant des prémisses d'un traitement mathématique de la pensée ayant pour conséquence la possibilité de la prédiction des intentions à venir, l'idée d'une prédiction des comportements semble entrer en contradiction avec la nature même du libre-arbitre humain, confrontant ainsi le monde de la technologie avec les enjeux philosophique du déterminisme. En somme, qu'il s'agisse des travaux de Ramon Llull, de Gottfried Wilhelm Leibniz ou encore de George Boole, tous ont participé à faire émerger, voire repousser, les enjeux et limites du traitement machinique de la pensée et de l'épuisement algorithmique des combinaisons.

NOTES

¹ Notamment ses deux ouvrages majeurs dans le développement de l'algèbre binaire et de l'informatique subséquente : Boole, George, *An Investigation of the Laws of Thought, on Which are Founded the Mathematical Theories of Logic and Probabilities*, London : Walton and Maberly, 1854. DOI : 10.1017/CBO9780511693090 et Boole, George, *The Mathematical Analysis of Logic : Being an Essay Towards a Calculus of Deductive Reasoning*, London : Macmillan, Barclay, & Macmillan, 1847.

² Nous traduisons : « It furthermore, as he points out, permits us to do this systematically throughout the entire alphabet. This is important, because one of the ways in which Llull conceived his Art as "general" was precisely in its capacity to explore all the possible combinations of its components. », Bonner, Anthony, « What was Llull up to? », in Bertran, Miquel, Rus, Teodor (eds), *Transformation-Based Reactive Systems Development. ARTS 1997. Lecture Notes in Computer Science*, vol 1231. Berlin : Heidelberg, Springer, 1997, 6.

³ Nous traduisons : « As Boole later, Llull firmly believed that human thought (logical reasoning) was amenable to

symbolic treatment, unified procedures and objective follow-up and control. », Sales, Ton, « Llull as computer scientist or why Llull was one of us », in Bertran, Miquel, Rus, Teodor (eds), *op. cit.*, 17.

[4] Boole, George, *An Investigation of the Laws of Thought, on Which are Founded the Mathematical Theories of Logic and Probabilities*, *op. cit.*

[5] Lartigaud, David-Olivier « Retour sur le manifeste de l'art permutationnel », dans Sacks, Kim, Guégan, Victor (dir.), *Systèmes : logiques, graphies, matérialités*, Revue Design Arts Medias, 08/2022, (consulté le 28/08/2022), URL: https://journal.dampress.org/issues/systemes-logiques-graphies-materialites/retour-sur-le-manifeste-de-lart-permutationnel

[6] Knuth, Donald E., *The Art of computer programming volume I, Fundamental Algorithms*, (third edition), Massachusetts : Addison-Wesley, 1997, 1-2.

[7] Nous traduisons : « So this is an algorithm. The modern meaning for algorithm is quite similar to that of *recipe, process, method, technique, procedure, routine, rigmarole*, except that the word "algorithm" connotes something just a little different. Besides merely being a finite set of rules that gives a sequence of operations for solving a specific type of problem, an algorithm has five important

features: 1) Finiteness. […] 2) Definiteness. […] 3) Input. 4) Output. […] 5) Effectiveness. », Knuth, Donald E., *op.cit.*, 4-6.

[8] Borges, Jorge Luis, « La Bibliothèque de Babel », *Fictions*, Traduit de l'espagnol par P. Verdevoye, Ibarra et Roger Caillois, Paris : Gallimard, 1983.

[9] Nous traduisons : « It is interesting, still, that the collection is finite. The entire and ultimate truth about everything is printed in full in that library, after all, insofar as it can be put in words at all. », Quine, Willard Van Orman, *Quiddities: An Intermittently Philosophical Dictionary*, Cambridge, Massachusetts : The Belknap Press of Harvard University Press Cambridge, 1987, 224.

[10] Nous pourrions rapprocher cet aspect de l'expérimentation de l'épuisement de Perec dans Perec, Georges, *Tentative d'épuisement d'un lieu parisien*, Paris : Christian Bourgois, 2003.

[11] Rouffineau, Gilles, « Effets de codes, éprouver le temps », dans Lartigaud, David-Olivier (dir.), *Art++*, Orléans : Hyx, 2011, 155-177.

[12] Consultable en ligne, https://libraryofbabel.info/ [consulté le 18/09/2022] et
http://babelia.libraryofbabel.info/ [consulté le 18/09/2022]

[13] Il en va ainsi pour l'œuvre de John F. Simon Jr. dont nous pouvons trouver une analyse détaillée des combinaisons dans le texte de Rouffineau, Gilles, *op. cit.*

[14] Chomsky, Noam, *Syntactic Structures*, Princeton, New Jersey : Mouton and Co., 1957, 24.

[15] Chomsky, Noam, *op. cit.*, 15.

[16] Nous traduisons : « These letters, however, represent constants and not variables as they have in formal logic since Aristotle's time. The Art as a system, in fact, has nothing to do with formal logic. One could perhaps consider it a kind of material logic, although it would probably be best to treat it as another species entirely. Llull himself was quite clear about it, differentiating it clearly from both logic and metaphysics. », Bonner, Anthony, *The Art and Logic of Ramon Llull: A User's Guide*, Studien Und Texte Zur Geistesgeschichte Des Mittelalters, Leiden, Boston : Brill, 2007, 18.

[17] Bonner, Anthony, *The Art and Logic of Ramon Llull: A User's Guide, op. cit.*, 188-256.

[18] A ce sujet, nous renvoyons aux travaux de Vilém Flusser, particulièrement le texte suivant : Flusser, Vilém, « Programme (Tes père et mère honoreras) », *Multitudes*, vol. 74, no. 1, 2019, 190-193.

[19] Nous traduisons : « The ultimate absurdity is now staring us in the face: a universal library of two volumes, one containing a single dot and the other a dash. Persistent repetition and alternation of the two is sufficient, we well know, for spelling out any and every truth. The miracle of the finite but universal library is a mere inflation of the miracle of binary notation: everything worth saying, and everything else as well, can be said with two characters. It is a letdown befitting the Wizard of Oz, but it has been a boon to computers. », Quine, Willard Van Orman, *op. cit.*, 225.

[20] Boole, George, *An Investigation of the Laws of Thought, on Which are Founded the Mathematical Theories of Logic and Probabilities*, *op. cit.*, 47.

[21] Nous traduisons : « [...] the success of Boole's innovation was due in large part to its ability to marry the two types of computation that are exemplified in Llull's and Leibniz's works: computation as rule-based manipulation of concepts and computation as arithmetic calculation. », Uckelman, Sara L., « Computing with Concepts, Computing with Numbers: Llull, Leibniz, and Boole », in Ferreira, Fernando, Löwe, Benedikt, Mayordomo, Elvira, Mendes Gomes, Luís (eds), *Programs, Proofs, Processes. CiE 2010. Lecture Notes in*

Computer Science, vol 6158, Berlin, Heidelberg, Springer, 2010, 428.

[22] Nous traduisons : « Boole's algebras can be seen as synthesizing the insights of both Llull, who treated concepts in an extensional fashion (speaking anachronistically) but without exploiting any arithmetic tools, and Leibniz, who saw the utility of associating arithmetic properties with intensions, but went too far the other direction in trying to map arithmetic properties directly onto the properties of intension », Uckelman, Sara L., *op. cit.*, 435.

[23] A ce sujet, nous renvoyons à la lecture du chapitre « From One to Two » dans l'ouvrage suivant : Galloway, Alexander R., *Uncomputable : Play and Politics in the Long Digital Age*, New York : Verso, 2021.

[24] Nous traduisons : « Probably the major driving force of the computing technology is the realization that every piece of information can be represented as numbers. This in turn implies that the computer, which until then was used to process numbers, can be used to process all types of information. », Alpaydin, Ethem, *Machine Learning : The New AI*, Cambridge, MA : The MIT Press, 2016, 2.

[25] Nous traduisons : « Diagrams, clearly, are not surrogates for linguistic statements, nor are they mere representations

of formal knowledge already gained. They are generative systems composed of unambiguous elements that can be used to model and articulate proofs. », Drucker, Johanna, *Graphesis : Visual Forms of Knowledge Production*, Cambridge Massachusetts : Harvard University Press, 2014, 106.

[26] Drucker, Johanna, *op. cit.*, 95-105.

[27] Nous traduisons : « By contrast to trees, knowledge generators are combinatoric. », Drucker, Johanna, *op. cit.*, 107.

[28] Knuth, Donald E., *op.cit.*, 308-348.

[29] Nous traduisons : « Machine learning, and prediction, is possible because the world has regularities. Things in the world change smoothly. We are not "beamed" from point A to point B, but we need to pass through a sequence of intermediate locations. Objects occupy a continuous block of space in the world. Nearby points in our visual field belong to the same object and hence mostly have shades of the same color. Sound too, whether in song or speech, changes smoothly. Discontinuities correspond to boundaries, and they are rare. », Alpaydin, Ethem, *op. cit.*, 40.

[30] Minsky, Marvin, *Computation : Finite and Infinite Machines*, Englewood Cliffs NJ : Prentice-Hall, 1967, 114-116.

[31] Nous traduisons : « It is certainly true that *programming* – the job of specifying the procedure that a computer is to carry out – amounts to determining in advance everything the computer will do. In this sense, a computer's *program* can serve as a *precise description* of the process the machine will carry out, and in this same sense it is meaningful to that *anything that can be done by a computer can be precisely described.* », Minsky, Marvin, *op. cit.*, 103-104.

[32] Turing, Alan, « On Computable Numbers with an Application to the Entscheidungsproblem », *Proceedings of the London Mathematical Society*, Volume s2-42, Issue 1, 1937, 230–265.

[33] Minsky, Marvin, *op. cit.*, 104-105.

[34] Galloway, Alexander R., *op.cit.*

[35] Kosinski, Michal, Stillwell, David, Graepel, Thore, « Private traits and attributes are predictable from digital records of human behavior », in *Proceedings of the National Academy of Sciences*, 110/15, 2013.

Peter Consenstein

Borough of Manhattan Community College
CUNY Graduate Center

Dominique Raymond

Université du Québec à Trois-Rivières

Conclusion

Ouvrir n'importe quel journal—académique, quotidien, etc.—et l'Intelligence Artificielle (IA) fait paniquer. À l'avenir, personne n'apprendra plus à bien écrire, l'IA s'en occupera avec Chat GPT. Ou bien, c'est la fin de Google, grâce à Open AI. Tant il est vrai que cette nouvelle technologie aura un impact important sur quoi, presque tout, il est aussi vrai que cette technologie sort de l'esprit humain. Cela veut dire que ce n'est pas une technologie super-humaine capable de prendre charge de toute activité humaine. Dans ce numéro de *Formules*, les contributeurs reconnaissent l'importance des algorithmes à la base de l'IA tout en tenant compte non seulement des dangers mais aussi de son utilité. Ce sont les artistes (écrivain·es et autres) qui œuvrent sur et avec l'IA et les résultats sont comme toutes les œuvres d'art : parfois incroyables, parfois médiocres, parfois des échecs. Devant nous cet avenir qui annonce à voix haute : à vous! En allons-nous être manipulé·es ou bien allons-nous manipuler?

En lisant le texte de Wolff, deviennent clairs les premiers pas vers l'écriture digitale chez l'Oulipo. La sensibilité et la précision des membres de l'Oulipo vis-à-vis des objectifs d'une telle tentative permettent aux lecteurs·trices de saisir une approche modulaire de la construction des machines (ordinateurs) à écrire des textes littéraires. Wolff met en jeu le terme « programmeur·euse littéraire », une personne capable de créer des textes littéraires grâce au calcul. Ce qui en sort serait non pas 'vers ou prose' mais plutôt des textes à « contraintes fortes » ou bien des textes « amorphes ». Wolff précise les moments où se définit un ensemble d'éléments formels capables de générer un texte littéraire. De tels moments nous intéresse pour deux raisons : 1) s'ouvre un débat concernant quels éléments formels sont nécessaires pour qu'on puisse déclarer qu'un texte est « littéraire » 2) si l'algorithme qui résulte est bel et bien la source de la création de la littérature. En même temps, Wolff s'adresse à ce qu'il appelle les échecs de cette tentative numérique et algorithmique en ce qui concerne la production des textes littéraires.

Natalie Berkman, dans son essai, étudie l'emploi d'un algorithme dans *Un Conte à votre façon* de Raymond Queneau, qu'elle trouve dupeur. Elle met en évidence non seulement comment les choix offerts aux lecteurs·trices dans la poursuite des narrations variables se base sur l'agencement des algorithmes, mais aussi comment le conte communique une leçon (morale?). Avoir le choix dans la vie, est-ce une réalité? Ou bien, sommes-nous programmés tels que le conte présenté à la lecture? Berkman avance son analyse de cette notion de choix dans le jeu vidéo *Detroit: Become Human* où elle retrouve des élaborations algorithmiques sophistiquées. Si chez Queneau la question de liberté est sous-entendue, elle ne l'est pas dans le jeu vidéo où les côtés morales et politiques font partie de la programmation et donnent naissance alchimique non à la liberté elle-même mais à un simulacre de celle-ci.

Dans l'article de Dominique Raymond, on ne peut qu'apprécier l'art numérique qu'elle présente. Non seulement s'agit-il d'une œuvre inédite mais aussi hallucinante, fluide et d'une spécularité paraissant infinie. Raymond met l'accent sur le côté alchimique de l'algorithme tout en fournissant cet exemple où, alchimiquement, les lettres se transforment en couleurs fondantes. On a l'impression de la synesthésie baudelairienne.

Jean-Jacques Thomas met en avant une belle étude du jeu vidéo *Assassin's Creed*. Pour commencer, prenons au sérieux l'amalgame menaçant des mots : l'objectif du jeu c'est l'appréciation d'une forme de vie (crédo : principes? Religion?) d'un assassin? Ajoutons à cette recette alchimique les algorithmes graphiques haut de gamme permettant aux joueur·euses le choix des chemins vers un perfectionnement de cette vie criminelle qui a comme but de mettre fin aux vies des autres. Ajout supplémentaire : les faits historiques concernant la naissance des États-Unis, le détournement de la réalité des autochtones et toute fable qui embrouille des « vérités » de l'Histoire. Cette étude ne craint pas de mettre en évidence les dangers culturels des algorithmes.

Quant à Kim Sacks, son propos révèle une structure de première importance en alchimie, un Ouroboros argumentatif qui rejoint l'illustration de Nikita Itziev en couverture de ce numéro. En allant puiser à la source des réflexions sur le traitement machinique de la pensée et sa modélisation combinatoire chez le philosophe mystique et théologien du XIIIᵉ siècle, Ramon Llull, Sacks fait la démonstration que la matière essentielle des travaux sur les modèles décisionnels se regénère et se transforme sans cesse, les débats et controverses contemporains reposant en bonne partie sur les mêmes prémisses qu'au Moyen Âge.

L'œuvre numérique qui agrémente notre couverture est de Nikita Iziev a plus de signification qu'on n'en soupçonne. Vu sur son site Instagram (https://www.instagram.com/nikitaiziev/?hl=en), le brin d'ARN est en mouvement perpétuel. Comment mieux représenter l'évolution humaine? La liberté des choix, selon certains articles de ce volume, est l'or produit de l'alchimie des algorithmes. Mais la liberté, tout court, existe-t-elle? Ce brin d'ARN qui tourne et tourne et tourne, comment y répond-il? Biologiquement, nous ne sommes pas libres. Nous ne sommes que l'entier de nos cellules, en évolution oui, mais libres ? Libres de ne pas être humain? De ne pas être des créatures d'habitudes et de routines? Huis clos, tout renfermés que nous sommes et en même temps à la recherche de la liberté, nous ne créons que des simulacres de liberté, nous ne cessons d'imaginer des idéaux, nous sommes des êtres humains à la recherche d'une liberté de ne pas être qui nous sommes, nos propres prisonniers enfermés à l'intérieur des habitudes, guidés éternellement par un brin d'ANR. C'est peut-être pour quoi nous recréons l'intelligence, artificielle cette fois-ci.[1]

1. Voir l'image de l'Ouroboros ici : https://static.wikia.nocookie.net/vsdebating/images/8/8a/ Ouroboros_Maia.png/revision/latest/scale-to-width-down/1000?cb=20200205065717.

les presses du réel

Créativités artificielles – La littérature et l'art à l'heure de l'intelligence artificielle

Créativités artificielles

Edité par Alexandre Gefen.
Contributions de Philippe Bootz et Hermes
Salceda, Valérie Beaudouin, Barnabé
Sauvage, Nevena Ivanova, François Levin,
Nikoleta Kerinska, Anaïs Guilet, Ada
Ackerman, Bruno Dupont et Carole
Guesse, Pierre Depaz, Pascal Mougin,
Claire Chatelet, Ilan Manouach.

ISBN : 978-2-37896-262-3
EAN : 9782378962623

Le tout premier ouvrage consacré aux représentations, aux significations et aux usages créatifs de l'intelligence artificielle (IA) dans la production de fiction, en textes (littérature), en sons, en images fixes et animées (séries, films, bande dessinée, arts plastiques, jeux vidéo).

« Révin pendant des siècles, les œuvres créées par les intelligences artificielles sont devenue des réalités concrètes en littérature et en art, dissominés auprès d'un Comment analyse, attribue, juge de telles œuvres qui sont portées dans la salle de l'Avangès » ? Quelles sont les rôles les conséquences de telles innovations au notre compréhension du champ artistique? Comment la critique se doit-elle de réagir face à de telles créations, qui semblent radicalement en question l'ensemble des concepts et de valeurs esthétiques anciennes centrées sur l'humain? Peut-on simplement les armes et en être émus? Voilà quelques-uns des questions de cet ouvrage. Le tout premier consacré aux créations des IA et aux problèmes qu'elles posent.

NOTICES BIOGRAPHIQUES

Natalie Berkman est une spécialiste de l'enseignement supérieur. Chercheur primé, travaillant en tant que Responsable d'ingénierie pédagogique (Instructional Design Manager) à l'ESSEC Business School. Formée à la fois comme spécialiste littéraire et comme mathématicienne, Natalie a complété son doctorat en littérature française à l'Université de Princeton avec une thèse sur les méthodes mathématiques de l'OuLiPo (Ouvroir de Littérature Potentielle), sélectionné comme lauréat du Peter Lang Young Scholars Competition pour les Études Françaises (2019) sa recherche a été publié lié par Peter Lang (Oxford - avril 2022). Elle a publié de nombreux articles dans des revues de premier plan : *Modern Language Notes* (JHU Press), *Genesis*, *Digital Humanities Quarterly* et *Études Littéraires* (Université Laval) et intervient régulièrement dans les congrès professionnels de littérature, d'humanités numériques et d'histoire des sciences. Son travail a été parrainé par le Princeton Center for Digital Humanities, le Princeton Institute for International and Regional Studies, la Modern Language Association, le groupe de recherche ANR DifdePo et l'École Normale Supérieure.

Peter Consenstein est professeur de français dans deux facultés de la City University of New York. Il enseigne dans le département de langues modernes au

Borough of Manhattan Community College et dans le Ph.D. Program in French au CUNY Graduate Center. Il a publié de nombreux articles académiques portant sur la poésie française de la fin du XXe siècle et sur le groupe Oulipo. Sa traduction de *Son blanc du un* de Dominique Fourcade sort au mois de mars 2023 aux Éditions VVV.

Nikita Iziev est un dessinateur et réalisateur interdisciplinaire basé à Londres qui travaille à l'intersection de la forme, de la typographie et de l'image en mouvement.

Dominique Raymond est professeure associée au Département de mathématiques et d'informatique et chargée de cours au Département de lettres et communication sociale de l'Université du Québec à Trois-Rivières. Ses recherches portent sur la contrainte littéraire à l'Oulipo et dans la littérature québécoise, la math-fiction, le numérique et la figure fractale. Elle a publié en 2021 *Échafaudages, squelettes et patrons de couturières. Essai sur la littérature à contraintes au Québec*, lauréat du prix Gabrielle-Roy.

Kim Sacks, enseignant-chercheur en Design, Arts, Médias. Sa recherche porte sur les systèmes de coercitions des foules, sur le design des comportements et sur les technologies persuasives. Il est actuellement Maître de Conférences en Design à l'Université de Strasbourg et chercheur-associé à l'Institut Acte au sein de l'École des Arts de la Sorbonne, Université Paris, Panthéon Sorbonne.

Jean-Jacques Thomas est Distinguished Professor à l'Université d'État de New York (SUNY). Il a enseigné la linguistique, la littérature et la sémiotique à Paris-8, à l'Université du Michigan, à Columbia, à Duke et à l'Université de Californie à Santa Barbara ; il a été professeur associé à l'Université de Paris-7 et à l'Université du Québec à Montréal. Il a publié une dizaine d'ouvrages critiques, des traductions ainsi qu'une dizaine d'éditions spéciales de revues ou de volumes spécialisés. Ses plus récents ouvrages sont *Perec en Amérique* (Bruxelles : Les Impressions Nouvelles), *Oulipo : Chroniques des années héroïques* (New Orleans : PUNM), *Continental Theory* (Albany/New York : SUNY Press), *Joël Des Rosiers : l'échappée lyrique des damnés de la mer* (Montréal : Nota Bene). Il est éditeur en chef de la revue *FORMULES* en plus d'avoir été éditeur associé des revues *SubStance* et *Poetics Today*.

Mark Wolff est professeur d'études françaises et internationales. Il dirige le département de langues modernes au Hartwick College (Oneonta, New York, États-Unis). Ses recherches portent sur l'utilisation d'outils informatiques pour le traitement du langage naturel afin de générer des textes littéraires. Voir markwolff.name.

TABLE DES MATIÈRES